衡阳市书院文化研究院人文读本

风雅石鼓

刘洁 著

湖南地图出版社
HUNAN MAP PUBLISHING HOUSE

长沙

千年书院
我们的精神家园

清乾隆《清泉县志》卷首载石鼓书院图

亭江合

清乾隆《清泉县志》卷首载合江亭图

序

石鼓：文化源头与精神地标的激情交响

唐元和年间，衡州府城充其量只是现代衡阳城市的雏形。当年城外蒸湘交汇之处的石鼓山上有个寻真观，因为僻静而名不见经传，秀才李宽在此苦读。他做梦也没有想到的是，这个江边的小小山头会在后来的中国文化发展史上大放异彩。190年后，李宽后人李士真为光复家族荣耀，在此重建石鼓书院，广纳天下英才，石鼓书院从此风生水起。至宋代，大名鼎鼎的石鼓书院已经跻身全国四大书院，其学府地位无异于今高校之中的北大清华，令人顶礼膜拜。

宏阔的历史往往就是这样在不经意之中写下的。虽然石鼓山海拔不足百米，面积也不过大若拳掌，但这并不影响石鼓书院成为当之无愧的湖湘文化重要发祥地和千年衡阳的精神高地。

江山代有才人出。跟石鼓书院的开山鼻祖李宽一样，衡阳本土文化学人刘洁女士潜心研究国学，穷尽经年功夫，成果丰硕，有很多自己独到的见解。我以为，她独树一帜，探寻书院发展脉络，挖掘石鼓精神内核，呈现的这部我们熟悉而陌生的《风雅石鼓》，作为湖湘文化的最新研究成果，具有重大的创新意义和文化价值。正如石鼓书院广场的石雕，千年石鼓书院是一部厚重的大书。她视野独特，另辟蹊径，聚焦特色，诗说石鼓。从石鼓书院浩如烟海的诗歌入手，沿着诗句走进历史，一页一页翻开，引经据典，严加考证，全方位再现这座神秘书院的来龙去脉。难能可贵的是，她并没有局限于对历史简单地还原，而是厘清脉络，深度挖掘，以宏阔而辩证的手笔，从千年石鼓书院的开创精神、求新精神、民族精神和石鼓山水诗的自然超脱精神等诸多方面，为我们找到了石鼓书院的魅力所在——那就是湖湘文化源头的精神光芒。

她为我们讲述的石鼓书院是风景胜地。发源于湖南邵东东南部蒸源村的蒸水，发源于湖南汝城耒山的耒水，发源于广西兴安南部海洋山脉近峰岭的湘江，三条河流从不同方向出发，一路狂奔，在号称"寰中佳丽"的衡阳石鼓山汇合。三条河流源头不同，本来河水不犯河水，但命运驱使它们走到一起，造就天下奇观。"大江东去，无非一场浪的游戏；三江兴会，写下河流的万古桃园结义。"三水交汇于城市中央，既是偶然，又是必然。景象壮观，堪称奇迹，难怪当代著名人居环境学者刘沛林先生将衡阳称之为世所罕见的"风水宝地"。名句"石鼓江山锦绣华"与"朱陵洞内诗千首"，出自明永乐年间衡州知府陈安的《衡州八景赋》。古衡州八景，光石鼓一处就霸占两席，其景色可见非同寻常。石鼓书院作为风景名胜，有得天独厚的地缘优势。站在合江亭上远眺，远山近水，云蒸霞蔚。目光所及，不仅仅是世界与远方，还有扑面而来的历史风云跟未来。古往今来，无数文人墨客慕名而来，在此指点江山，纵论人生，蔚为壮观。

她为我们讲述的石鼓书院是文化源头。"天下之书院，楚为盛；楚之书院，衡为盛。"发轫于唐的中国书院文化，到了宋代，已经遍地开花，繁荣昌盛。北宋南宋书院总数已近900所。书院为何在衡阳星罗棋布，而石鼓书院又是名冠全国？由北迁南的理学大家胡安国在南岳山下创办文定书院，30年间，胡氏父子潜心研究学问，开创湖湘学派，湘楚文化由此而演进成为湖湘文化。湖湘文化，是一种具有鲜明特征、相对稳定并有传承关系的历史文化形态，是中华传统文化的重要组成部分。我个人更多地将其理解为一种敢为人先的共性与个性并存的地域人文精神。如果说，衡阳是湖湘文化无可争辩的重要发祥地，那么石鼓书院无疑就是源泉中的泉眼。石鼓有厚重的历史积淀，文脉源远流长。一代又一代名士在此开坛讲学，纵论国事。同样是学问大家的朱熹，堪称理学之集大成者，一生都几乎没有走出书院。不管他来没来过石鼓书院，出自他手的《石鼓书院记》都堪称大手笔——其起句"石鼓据蒸湘之会，江流环带，最为一郡佳处"气势不凡。与朱熹同时代的四川绵竹人张栻，是南宋"东南三贤"之一的名相张浚之子，亦是湖湘祖师爷胡宏的弟子，多次来石鼓书院传道讲学。正是他们的大力推动，湖湘学派得以广为延绵，名播天下。

她为我们讲述的石鼓书院是精神地标。一个没有文化印迹的时代势必成为历史中的一截苍白，一个缺乏文化原创动力的社会势必丧失应有的精神高度。为什么说石鼓是衡阳的一个精神高地？作为衡阳最早的书院之一，石鼓是无数文人墨客的向往之所。打开瀚如烟海的中国文学宝库，历代名家在此写下太多的璀璨华章。石鼓山的朱陵洞内壁上至今存留大量名人胜迹——"朱陵洞内诗千首"，"千首"当然不是实数，但仅《风雅石鼓》一书中引用的历代名家的诗联就达上百处之多。这些诗联的作者中，包括远道而来的唐宋八大家中的韩愈、柳宗元；因为王叔文集团革新失败而从京城被贬至衡州任知府，在《全唐诗》中占有一席之地的唐代诗人吕温；南宋著名文学家范成大，明朝进士张翀，曾任湖南学士的朱熹女婿黄榦，曾在石鼓书院讲学的明代诗人邹学益，在任的明代衡州知府蔡汝楠，明万历年间同在衡州府的王京、张邦瑞，督学湖南的明代诗人管大勋，曾就读于石鼓书院的清人周学濂，南宋状元、著名的民族英雄文天祥。也有衡阳本土的文人学者——明末清初的著名哲学大儒王船山、晚清"中兴名臣"彭玉麟、自幼跟舅舅生活在衡阳的理学大家周敦颐以及明代易纲、再嫁衡州的江青枫，等等。古人笔下景象万千的诗篇，从不同方位给我们描述了他们心中美不胜收的石鼓，既有壮美风景，也是精神归宿。

今日之石鼓，已经没有了史实上经年战乱与荒芜，也少了些我们想象中学子们埋头苦读的书卷气息，但依然不失为人们探寻湖湘文化的绝佳去处。相信这部散发着油墨芳香的《风雅石鼓》是一部优美导读，人们会在它所再现的地理和精神层面的石鼓中重温历史，走向未来。

陈师洲

2024年2月1日

目录

1

不修，士病无所于学，往往择胜地、立精舍，以为群居读书之所。"由于有山野胜地存在，学子们可以心无旁骛，远离红尘，一心向学。南岳为书院的创立和发展创建了有利条件。

北宋灭亡之际，著名理学家胡安国携家眷南下避乱，于颠沛流离中完成了《春秋传》，1130年到达南岳建立了文定书院。从此，胡氏父子在南岳30多年间，讲学撰著、深论《春秋》，其"经世致用，敢为人先"的精神思想，奠定了"湖湘学派"的基础，"湘楚文化"由此发展成为"湖湘文化"，文定书院成为"湖湘文化"的发源地之一。

曾国藩在《重修胡文定公书院记》中曰：

769 年 3 月，安史之乱之后，历经漂泊的杜甫乘一叶孤舟从洞庭湖进入湘江，到达衡山县城。县尹陆宰邀请杜甫参观了当地新办的学堂，听着琅琅读书声，杜甫不由地赞叹："衡山虽小邑，首唱恢大义。" 30 年后的 798 年，宰相李泌之子李繁在李泌曾隐居过的南岳创立了邺侯书院。书院中大量的藏书，引得游历南岳的韩愈写诗赞叹："邺侯家多书，架插三万轴。"这是衡阳有历史记载的第一所书院。又过了 10 年，唐代元和年间，石鼓书院开始有了千年书院的传奇。

据史料统计，唐代全国 49 所书院中湖南 8 所，其中衡阳 5 所。除石鼓书院和邺侯书院外，还有杜陵（纪念杜甫而建）、卢藩和韦宙书院。

中国的古代书院由唐代开始，到宋代达到了鼎盛，经历元、明、清得以遍布除西藏之外的中国所有地区。书院的功能也由藏书、读书发展到讲书、教学、著书、修书、刻书等方面，对中国古代教育、文化、学术等事业的发展，以及对民间风俗习惯的培养和民众的伦理观念的养成等都具有非常重要的意义，在古代教育史、哲学史、思想史上都谱写了浓墨重彩的一笔。

在整个中国书院发展史中，衡阳书院无疑是最闪亮的明珠之一。衡阳境内的南岳雄踞湘中，撑起了湖南三湘四水的骨架，也滋养了儒释道文化，而书院的起源正得益于如南岳这样的山野之地。朱熹在《石鼓书院记》中写道："予惟前代庠序之教

话说衡阳书院文化

郏侯书院，原名端居室，是唐朝宰相李泌隐居的地方
现存建筑1890年所建，后有修葺　佳佳／摄

第一篇　诗说千年书院的开创精神

岳志载：衡书院十有八，惟文定书院独敕建为最著，以传《春秋》故也。

相比全国其他书院而言，衡阳书院自文定书院始，湖湘文化中经世致用的学风、图变求新的思想，以及强烈的爱国主义精神，就交融于衡阳书院精神之中，形成衡阳书院特有的精神气质。

历经千年的衡阳书院，曾形成以石鼓书院为中心，文定、甘泉、邺侯、南轩、濂溪、白沙、东廓、双桂、集贤、卢藩、六峰、船山等著名书院群，最多时为110余所，仅南岳就有27所。

南岳风光　彭斌／摄

曾国藩在《重修胡文定公书院记》中又曰：

天下之书院，楚为盛；楚之书院，衡为盛，以隶岳故也。

衡阳书院起源早、数量多、影响大，无论是创立时间，还是数量质量；无论是文化传播，还是学术成就；无论是人才培养，还是思想交流，都是中国书院文化中影响最大的书院群之一。众多的衡阳书院犹如满天星辰，灿烂了衡阳的历史文化天空，而在这繁星丛中最闪亮的自然是石鼓书院。

石鼓书院所处石鼓山位于衡阳市城北，处于三江合流之处，湘水抱其右，蒸水环其左，耒水横其前。其三面临水，一峰突起，悬崖峭壁，犹如一块特大的石头屹立于江心，雄伟壮丽，因而闻名于世。

南宋理学家朱熹作《石鼓书院记》，称其为"最为一郡佳处"。

清光绪《国朝石鼓志·事迹》记载：

"一郡佳处"四大字，相传朱子手书，古峭绝伦。旧制为匾，悬诸二门外嘉会堂上，见者肃然起敬。

万历《石鼓书院志》中，元代学士黄清老的《复田记》中开头就称赞石鼓山：

石鼓山，衡之附庸也。奇崛耸拔，中高而外秀，蒸湘二水左右环之，既合，荡荡浩浩，同归于洞庭。书院当二流之交，回澜渟渊，远障森列，楼阁如在虚空中，盖湖湘第一胜地也。

唐元和间，州人李宽首结庐读书其上。宋景祐丙子，始赐额，与四大书院并称于天下。

石鼓书院始建于唐，历经宋、元、明、清、民国，至今1200 余年。在千多年的书院历史中，石鼓书院始终以学风之盛、成就之大、藏书之丰而成为中国古代书院的典型代表，素有"衡湘洙泗"的美誉。

明朝尚书黄镐曾诗云：

> 山形如石鼓，屹立衡之阳。
>
> 东西列岣嵝，左右环蒸湘。
>
> 上有旧书院，兹名肇自唐。
>
> 讲说穷至理，洙泗源流长。

"洙泗"即山东的洙水和泗水，处于春秋鲁国首都曲阜北，孔子当年聚徒讲学的地方，在此代称孔子的教泽。千年石鼓书院继承孔子儒家教导，如"洙泗"那样的教化风行，源远流长。

元代诗人李处巽曾诗云：

> 方今海上四书院，鹿洞睢阳并岳麓。
>
> 若论地秀多贤才，石鼓山明江水绿。

诗中所言，四大书院中，石鼓山最为秀丽，且人才辈出。诗人来此，自要赞美一番。"地固以人灵，人亦因地聚"，石鼓山与石鼓书院，院以山名，山因院盛。幽静而清雅的石鼓山，为儒家士人吟诗论文、相聚讲学、读书养性的绝佳场所。而书院"藏于名山"，又使石鼓山熠熠生辉，引起文人名士的诗兴大发，在诗人眼里，石鼓山水之秀为四大书院之最。

石鼓何以为天下四大书院之一

从上至下，按创建时间先后排序，石鼓书院、白鹿洞书院、岳麓书院、睢阳书院（应天书院，又称应天府书院）

天下书院何其多，石鼓书院何以能成为四大书院之一呢？这就需要从书院起源讲起。

唐朝开始有了书院，718 年唐玄宗李隆基颁诏设丽正殿书院，后改名集贤殿书院，是为"集天下贤才，以济治于世"之意，其功能在于藏书、抄书和校书，于是"书院"名称正式在唐代的文书中出现。民间书院则更早，比如湖南攸县的光石山书院。

衡阳最早的书院是前面讲过的邺侯书院，邺侯就是李泌（722—789）。李泌是中唐时期突出的历史人物，精通儒、释、道三家学识，身经玄宗、肃宗、代宗、德宗四朝宰相，并能得到善终，实为神仙般的人物。《道德经》中云："冲而用之或不盈，渊兮似万物之宗。挫其锐，解其纷，和其光，同其尘。"李泌用之堪称典范。

757 年，李泌上请归隐南岳，唐肃宗再三挽留不过，只好下诏，给予三品俸禄，赐隐士服，并为其在南岳烟霞峰下建房，名曰"端居室"。768 年，唐代宗"上召李泌于衡山"，李泌在南岳隐居了 12 年。其间过着纵情山水、修身养性、博览群书的生活。韩愈说他家藏书"三万轴"，可见其在南岳藏书之多。"端居室"就是后来的邺侯书院，现在的门檐石柱上镂有衡山人宾凤阳撰写的楹联：

三万轴书卷无存，入室追思名宰相；

九千丈云山不改，凭栏细认古烟霞。

中唐之后，朝政日渐衰微。面对战乱的危险，那些曾经拥有丰富藏书的读书人，不得不将书迁移到山中，在远离市井的地方建立起藏书的独特庭院，这样的庭院成为那个时代读书人的精神向往。郏侯书院也是这样的产物，甚至成为韩愈心中的精神圣地。

书院兴起很快就成为"先锋教育"，成为一种时尚。重要原因在于：一是此时发明的印刷术可以大量复制书籍，民间藏书成为可能，学子们也有书可读了；同时在中唐以后，很多繁华之地都成了战场，文化人避之山野，在山中建起藏书楼。天下纷争，所谓乱世出英雄也。这样的大背景下，给乱世中的文化英雄们创造了一种新的可能，创立如书院这样的新的文化形态，以实现读书人旷日持久的文化梦想。

有文化的人需要安安静静地读书，需要找一块干净的地方；没有文化的人需要有文化的读书人来教他如何读书。于是在山野中书院迅速发展起来，很快成为主流教育形式。

清朝梁章钜在《退庵随笔》卷六记：

掌书院讲习者谓之山长。山长亦称院长，亦称山主。

山长的称谓始见于唐和五代，而最早有名字记载的山长为衡阳人。清叶名沣著《桥西杂记》说，五代时期蒋维东隐居南岳，受业者称他为山长，大概是他的隐居之号吧。衡阳书院之所以早期多有记载，因为有南岳也。

到了宋初，所有书院的负责人就被正式称为山长了。山长的称呼，是文化人自封的，充满了对官府的野性般反叛，有一种文化自由主义的成分。早期的书院山长不食朝廷俸禄，不受朝廷官爵，自然可以保持一种独立的文化人格；元明清后的山长多由朝廷聘任，野趣消失，独立自主的一面也难以维护了。但就早期书院建立之初心而言，这部分的文化人选择了不同的角度来观察社会，因而获得了创造空间，能够在漫长的时空中，对书院文化进行豪情满怀的表达。这些文化人的人格与书院融为一体，与书院发展文脉联系在一起，他们的灵魂与精神就像书院里一片一片的树叶，风一吹来，依然能听到沙沙声响。

书院经过唐末至北宋长达两个世纪的发展，内部制度也建立起来了，人们丰富了文化的品格和思想，一些有名气的书院脱颖而出，有了"四大书院"之说。这些书院影响力大，具有悠久的历史，或因规模较大世人称赞与关注；或因名人主讲，人才辈出；或是受到朝廷赏赐和褒扬，石鼓书院有幸名列其中。

北宋书院 150—160 所，南宋书院 711 所，甚至有学者统计数量更多。石鼓书院地处偏远，何以能成为天下四大书院之一呢？究其因缘，还得从范成大的诗作讲起，"四大书院"之称由他首创。

范成大（1126—1193），南宋人，字致能，号石湖居士，江苏吴县（今江苏苏州）人。进士出身，历任枢密院编修、州知府，知静江府兼广南西道安抚使、四川制置使、参知政事等职。1170 年奉命出使金国，坚贞不屈，几乎被杀，终于不辱使命，于是名震朝野。

范成大是著名诗人，其诗题材丰富，或描写山川风物，或抒发爱国激情，尤以写田园景物著称，其《四时田园杂兴》堪称田园诗的集大成者。他的诗文在南宋就影响很大，与陆游、杨万里、尤袤合称南宋四大家。其时有"家剑南而户石湖"的说法，陆游曾有《剑南诗稿》，范成大与陆游齐名。

1173 年，范成大来到石鼓书院，感叹石鼓山的独特风貌，于是作诗赞叹：

石鼓书院

[南宋] 范成大

古磴浮沧渚，新篁锁碧萝。

要津山独立，巨壑水同波。

俎豆弥天肃，衣冠盛事多。

地灵钟俊杰，宁但拾儒科。

山水诗到南宋时期已经非常成熟，此诗额联和颈联对仗非常工整，前四句写山水之美、山势之险、波声之大，后四句写人文之盛、祭祀之多。仅从修辞上就用了对仗、夸张，还有借代的方法，技术非常高超。

书院除了教学、藏书，还有一个功能就是祭祀。范成大在《石鼓书院记》中说，其兄在衡阳任衡州常平使时修建了石鼓书院中的武侯祠，诗中自然要赞扬一下。范成大来时正是他出使金国之后，儒家代表人物的武侯诸葛亮自然是他所崇拜的。

范成大所作《合江亭》，更是把石鼓山比喻成春秋勤王的霸主，把蒸、湘二水比作奔命而来的诸侯，引人入胜。

合江亭

[南宋] 范成大

石鼓郁嵯峨，截然居沧洲。

有如古盟主，勤王会诸侯。

蒸湘伯叔国，禀命会葵丘。

敢不承载书，戮力朝宗周。

混为同轨去，崩奔不敢留。

宜哉百谷王，博大无与俦。

毡裘昔乱华，车马隔中州。

未闻齐晋勋，包茅费诛求。

威文亦宏规，尚取童子羞。

安知千载后，但泣新亭囚。

我题石鼓诗，愿言续春秋。

杨万里称范成大的诗："缛而不酿，缩而不窘。清新妩丽，奄有鲍、谢，奔逸俊伟，穷追太白。"赞美之词溢于言表。范成大的诗歌以白描见长，引画入诗，有水墨的意境。读这两首写石鼓书院和石鼓山的诗，完全可以当作画来欣赏。

除了作诗，范成大又将其在石鼓书院的见闻记入《揽辔录》中。或许是文字太美，后人将其摘出以《游石鼓山日记》为名。现节选供大家欣赏：

> 十四日，泊衡州，谒石鼓书院，实州学也。始，诸郡未命教时，天下有书院四：徂徕、金山、岳麓、石鼓。石鼓，山名也。州北，冈垄将尽，忽山石一峰起，如大石矶，浸江中。蒸水自邵阳来，绕其左，潇湘自零陵来，绕其右，而皆会于合江亭之前，并为一水以东去。石鼓雄踞要会，大约如春秋霸主，会诸侯勤王，蒸、湘如兄弟国奔命来会，禀命载书，乃同轨以朝宗，盖其形势如此。

不仅文字优美，更重要的是第一次明确提出天下四大书院

石鼓江山锦绣华 周雪林／摄

之说。由于范成大的盛名，石鼓书院第一次列入天下四大书院。

历代多位学者所言天下四大书院都有石鼓书院。清代纪晓岚在《石鼓书院志提要》中曰：

> 石鼓书院在衡州府治北石鼓山，宋景祐间，允集贤校理刘沆之请，赐额置田，与睢阳、岳麓、白鹿号为四大书院。讲学家喜称道之。

1179年，吕祖谦在《白鹿洞书院记》中曰："嵩阳、岳麓、睢阳及是洞为尤著，天下所谓四书院者也。"其中没有石鼓书院。南宋末年王应麟撰写《玉海》时比较倾向于吕祖谦的

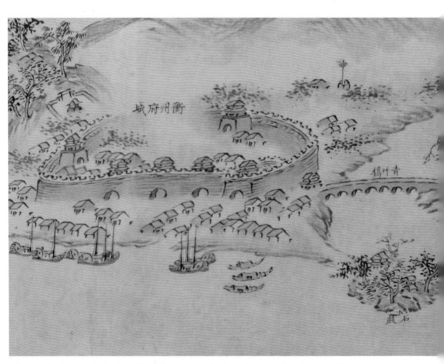

《衡州府志·南岳七十二峰图》，石鼓书院位于衡州府古城北门外

说法，但他在后面又附有石鼓、茅山书院，说明这两所书院的影响也很大。宋末元初马端临在《文献通考》中，前面《学校考》中为白鹿洞书院、石鼓书院、应天府书院、岳麓书院，到了后面《职官考》又改成了白鹿洞、嵩阳、岳麓、应天府。民国学者盛朗西的《中国书院制度》中则直接名列石鼓、白鹿洞、嵩阳、岳麓、睢阳、茅山，成为北宋六大书院。

于是，"四大书院"之外，还有"三书院""五书院""六书院"的说法。"四大书院"有争议，而在"三书院""五书院""六书院"中，石鼓书院从未缺席。

最先提出"三书院"的正是南宋时期倡导书院运动的理学大家朱熹。1187年，朱熹作《石鼓书院记》中写道：

> 若此山，若岳麓，若白鹿洞之类是也。

1246年，吴泳的《御书宗濂精舍跋记》中写道：

> 臣尝考国朝建立书院隶于今职方者三，潭曰岳麓，衡曰石鼓，南康曰白鹿洞，皆緜上方表赐敕额，盖所以揭圣范崇道规也。

吴泳也明确提出了"三书院"之说。"三书院"从来就是：岳麓、石鼓、白鹿洞，所指高度一致，这自然与朱熹的倡导相关。

南宋吕中在《宋大事记讲义》中提出了"五书院"说：

国家肇造之初，为书院者有五，曰嵩阳书院，曰石鼓书院，曰岳麓书院，曰应天府书院，曰白鹿书院。今嵩阳、应天二书院不可考，而石鼓书院淳熙中得潘侯时而复兴，岳麓书院又得张、朱二先生振之。

此时北宋被金人所灭，应天府书院和嵩阳书院所在地都已经沦陷，南宋仅存石鼓书院、岳麓书院、白鹿洞书院。

"三书院""四书院""五书院""六书院"的提法由南宋开始，是当时公认的宋初天下著名书院，当然也是建设书院的士人们所提倡的榜样和模范书院。

石鼓书院有幸列入天下四大书院的原因诸多：

其一，有吕温诗作《题寻真观李宽中秀才书院》为证，石鼓书院为有明确史料记载的历史上创建最早书院之一，更为三、四、五、六大书院创建时间最早者。

其二，997 年，李士真重创书院，宋仁宗于 1035 年赐"石鼓书院"匾额及学田，书院改为州学，自此与睢阳、白鹿、岳麓并称四大书院。

其三，1173 年，范成大在《揽辔录》中首倡"天下四书院"之说。

其四，1187 年朱熹作《石鼓书院记》，首倡"三书院"之说。

其五，唐宋时期的贬官文化给偏远的衡阳带来了众多一流的文人士大夫，也带来了当时一流的文化。

其六，石鼓书院是湖湘文化的发源地和重要传播地之一。

另外还有个重要原因不可忽视，南宋时，五岳中嵩山、泰山、华山、恒山沦陷，独留南岳衡山于境内，而在南岳范围内的石鼓山又以其独特的地理和地貌，给文人名士们留下深刻印象。那"仙洞危楼半出林"的神秘深邃，那"两江流水抱孤岑"的奇崛突兀，那水色之秀美、山势之雄峻都为天下名山胜水之不可多得。文人士大夫们到此留下的大量诗文，无疑给石鼓山和石鼓书院做了很好的推广和宣传。千年石鼓书院列入天下三、四、五、六大书院之一，实至名归。

翻开《石鼓书院志》，绝大部分是历代文人墨客为此留下的大量古诗文。"诗者，志之所之也。在心为志，发言为诗。"（《毛诗序》），诗的创作就是抒发作者内心的情志。这些大量的古诗文中蕴含着这座千年书院留给后人的精神底色：首创新的民间教育机构的开创精神；不断求索创新的求新精神；自强不息，以天下为己任的民族精神；敬畏自然，向往山水的天人合一的自然超脱精神。

韩愈《合江亭》——石鼓山的千年广告

合江亭　周雪徕/摄

说起石鼓书院的开创历史，就要从韩愈的《合江亭》讲起。

1200 多年前的 805 年秋天，时任衡州刺史的邹君迎来了大文豪韩愈。韩愈的到来，对于衡阳的文化界无疑是件大事，邹君当然是异常欢喜，设宴于石鼓山上的合江亭，盛情款待。

何为合江亭呢？明朝衡州知府沈铁在其《沧浪亭记》中写道：

> 石鼓之山，蒸、湘二水交会处也。唐刺史齐映名其亭曰"合江"，旧矣。余观二水，一清一涸，合而汇流，窃取孺子歌沧浪之义，上扁之曰"沧浪亭"，下扁之曰："濯缨濯足"，盖缪以崇善去恶之意，冀都人士共之也。

787 年，唐朝宰相齐映被罢相外放为衡州刺史。齐映（747—795），原为兵部郎中齐圮之子，22 岁高中状元。他原本是一名山水画家，对风景地貌自有好眼力，于是感叹石鼓山之独特风貌，修建了一座楼阁式建筑，取名合江亭。《石鼓书院志上部·石鼓山》中记载："唐刺史齐映建亭于山之阳，葱郁秀丽，为一方诸山之最。"801 年，被贬衡州刺史宇文炫扩建了合江亭。

邹君在此接待大文豪韩愈，自然是觉得这个地方有衡阳最拿得出手的风景。

韩愈（768—824），世称"韩昌黎"，居唐宋八大家之首，唐代著名的文学家和思想家，曾官至吏部侍郎。803 年韩愈担任监察御史，因刚正不阿，得罪权贵，同年 12 月被贬为广东连州阳山县令。805 年春获得赦免，去江陵途经衡阳，心情自然大好。站在合江亭上，面对宽阔的江面，看着江水奔流不息，韩愈不由得心旷神怡，感慨万千，写下千古绝唱《合江亭》。

合江亭

[唐] 韩愈

江亭枕湘江，蒸水会其左。

瞰临渺空阔，绿净不可唾。

惟昔经营初，邦君实王佐。

剪林迁神祠，买地费家货。

标立宏可爱，结构丽匪过。

伊人去轩腾，兹宇遂倾堕。

老郎来何暮，高唱文乃和。

树兰盈九畹，栽竹逾万个。

长绠汲沧溟，幽蹊下坎坷。

波涛夜俯听，云树朝对卧。

初如遗宦情，终乃最郡课。

人生诚无几，事往悲岂那。

萧条绵时岁，契阔继慵懦。

胜事谁复论，丑声日已播。

中丞黜凶邪，天子闵穷饿。

君侯至之初，闾里自相贺。

淹滞乐闲旷，勤苦劝慵惰。

为予扫尘阶，命乐醉众座。

穷秋感平分，新月怜半破。

愿书岩上石，勿使尘泥涴。

这是一首排律，韩愈以其独特的昌黎笔法，高度洗练极具神韵的文辞，一韵到底，一气呵成。全诗开头描述了合江亭所处的独特环境，接着表扬了衡阳地方官员创立和扩建合江亭的慧眼和睿智，然后夸赞了扩建后的合江亭的宏伟壮丽。同时诗中对奸佞恶吏也给予了无情的鞭笞，体现了韩愈刚直不阿的性格。整首诗气势雄浑、格调隽永、挥洒自如，其"瞰临渺空阔，绿净不可唾"两句，成为后世人们广为传诵的名句，而合江亭亦因此又被称为"绿净阁"。

韩愈的《合江亭》为石鼓山做了千年的广告，由此合江亭声名远播，后也成为石鼓书院的代称和象征。历经千年，石鼓书院虽多次被毁，多次重建，但每次重建必有合江亭。

宋代赵汝鐩《题合江亭》诗中写道：

> 石鼓山头一小亭，乾坤万里眼双明。
> 虽因刺史来寻胜，不遇昌黎岂得名。

南宋著名诗人范成大在《游石鼓山日记》中写道：

合江亭见韩文公诗，今名绿净阁，亦取文公诗中"绿净不可唾"之句。

范成大在其另一首诗《合江亭》的小序中写道：

合江亭即石鼓书院，今为衡州学宫。一峰特立，踞两水之会，湘水自右，蒸水自左，俱至亭下，合为一江而东。有感而赋。韩文公所为"绿净不可唾"者，即此处，今有绿净阁。

明朝弘治年间邓淮对联云：

民国时期石鼓书院旧联　丁民／提供

石鼓双江水；昌黎一首诗。

历史上许多的文人名士，通过韩愈的《合江亭》而得知石鼓山并仰慕合江亭。明代成化年间江潮崇在其《修合江亭记》中写道："予自少时读韩昌黎诗，知衡州合江亭为湖南以第一临观之美。"其因读了韩愈的诗，登合江亭成为从小梦寐以求的心愿。后其贬官南海，后又官复原职，因道经衡阳了却夙愿而感到庆幸。

1150 年，著名理学家张栻亲书韩愈《合江亭》，并刻石镶嵌在合江亭石壁上，被世人赞为"二绝碑"。此碑明代重刻，清代仍有。

清雍正年间李徽撰写的《重建合江亭记》中记载：

题合江亭者，昌黎韩子；而碑刻韩诗合江亭下者，亦南轩先生手书也。雍正己酉，亭就圮而碑得全，或有神物相之矣。

遗憾的是，此石碑现已无存。

明朝管大勋，1581 年督学湖南，登上石鼓山，纵目骋怀，纪念韩愈作诗：

怀昌黎文公

[明] 管大勋

圣贤久不作，叔世崇佛老。

倬彼昌黎子，力排著原道。

擒文振颓靡，抗节秉孤矫。

寥寥千百年，煌煌元和表。

宁逃至尊怒，顿为迷俗晓。

慷慨辞金门，赴谪潮阳岛。

行行过南岳，阴云为谁扫。

逆旅寄交欢，闲亭谁丽藻。

贞珉固不磨，山斗以为宝。

　　韩愈之后，慕名登石鼓山游合江亭的名流文士很多，由合江亭而作佳句难以计数，步韩愈诗韵和唱者众。尤其到了清代，文人们常喜欢以唱酬和诗为乐，加之乾隆皇帝大力倡导辞章之学，外出游乐喜欢用诗歌状胜，上行下效，一时朝野上下和诗成风。来石鼓书院，和韩愈《合江亭》者更是如云。

　　清代学者蒋琦麟，广西全州人，1840 年进士，由翰林院编修官至顺天府尹。其性格耿直，好论事，退休后居住衡阳，以授徒论文为乐，曾任石鼓书院主讲。蒋琦麟有次率领众学子步韩愈《合江亭》韵，唱和者达数十人，称为美谈。蒋琦麟步韩愈诗韵和《东窗诗步韩韵》。

东窗诗步韩韵

[清] 蒋琦麟

　　波涛俯听，云树对卧，状石鼓之胜，后来当阁笔矣。敬业堂东颓，新置小窗，俯瞰空阔。夜深，江月入窗，幽映竟夕，飘飘然，疑此身非复人间也。复作诗和韩，匪云续貂，补韩所未及耳。

韩公诗之豪，高席肯虚左。

探骊已得珠，所弃盖滇唾。

后生强解事，馀烬收国佐。

不嫌捧心颦，或恶弃地货。

江山送奇胜，拒绝岂非过。

开窗延之入，丛莽为一挫。

世缘我自疏，不倡自无和。

云水生夜凉，客来无一个。

还有江色宽，近俯竹径坷。

清月来东洲，炯然窥幽卧。

凄清苏醉魂，娟妙映诗课。

飘飘我欲仙，悄悄寒无奈。

萤传露草光，省飐风枝懦。

云涛饱佳句，未压众口播。

如分大官庖，偶向殪桑饿。

昔遁今或收，新获我堪贺。

岂敢效步趋，应免诮慵懦。

是心如镜台，持问秀上座。

此舍如驿舍，室庐日已破。

勿令愧老衲，聊为拂尘涴。

韩愈的到来是石鼓山的幸运。韩愈作《合江亭》而受到历代文人墨客的倾倒，为合江亭蒙上了多彩绚丽的光环，由此合江亭乃至石鼓山声名远扬。

吕温贬衡州，石鼓传美名

石鼓书院全景图　刘罡／摄

吕温（772—811），祖父吕延之，官至越州刺史、浙江东道节度使。父亲吕渭，进士，官至礼部侍郎。吕温26岁就中了进士，次年又中博学鸿词科，授集贤殿校书郎。803年，受著名政治改革家王叔文的器重，推荐任左拾遗。当时的吕温只有31岁，有志气、有抱负，锋芒初露。805年王叔文主持"永贞革新"，仅数月时间便夭折。受之影响，柳宗元、刘禹锡、陈谏、韩泰、韩晔、凌准、程异、韦执谊等八人贬为偏远的八州司马，称为"二王八司马"。"二王"则是革新主持人王叔文和王伾，革新失败后不久王伾病死，第二年王叔文被赐死。

　　吕温原本也是"二王"政治集团的核心人物，幸而此时正出使吐蕃，幸免于难。三年后，808年秋天，吕温因与御史中丞窦群、监察御史羊士谔等弹劾宰相李吉甫勾结术士惑乱朝政而终遭贬官。一贬道州刺史，再改调任衡州刺史，来衡阳的时间是810年春天。

　　吕温在衡阳时恪尽职守、政绩颇著，是一位仁人之心的官员，不料只过了一年多的时间，便因病卒于任上。因其在衡阳期间所作诗词，多以"衡州"为题，又因官终衡州刺史，所以世称"吕衡州"。

　　吕温中年不得志、心中抑郁，石鼓山可能是他常来之地。只有浩渺宽阔的湘江水才能稍稍安抚他的心情，曾写两首《合江亭》，诗中充满了吕温宦海沉浮、洁身自爱的自叹和得不偿失的感慨。

合江亭

[唐] 吕温

其一

合江亭槛前多高竹，不见远岸花，客命剪之，感而成咏。

吉凶岂前卜，人事何反覆。

缘看数日花，却剪凌霜竹。

常言契君操，今乃妨众目。

自古病多门，谁言出幽独。

其二

衡州岁前游合江亭，见樱蕊未坼，因赋含彩吝惊春云。

山樱先春发，红蕊满霜枝。

出处竟谁见，芳心空自知。

似夺朝日照，疑畏晚风吹。

欲问含彩意，恐惊轻薄儿。

吕温在衡阳留下诗篇很多，大都是忧愁和惆怅：

衡州登楼望南馆

[唐] 吕温

夭桃临方塘，暮色堪秋思。

托根岂求润，照影非自媚。

胃挂青柳丝，零落绿钱地。

佳期竟何许，时有幽禽至。

《衡州夜后把火看花留客》则成了吕温留在衡阳的绝笔，透露出无穷的辛酸与悲凉：

衡州夜后把火看花留客

[唐] 吕温

红芳暗落碧池头，把火遥看且少留。
半夜忽然风更起，明朝不复上南楼。

811 年 8 月吕温因病在衡阳去世，年仅 39 岁。

闻悉吕温英年早逝，柳宗元、刘禹锡、元稹、窦巩等中唐才子名士都赋诗表示哀悼。

柳宗元在祭文中痛悼道：

志不得行，功不得施……临江大哭，万事已矣！

柳宗元的祭文既是对吕温壮志不成又英年早逝的哀悼，同时也是对自己境遇的痛惜。柳宗元与吕温是中表之亲，又同为王叔文革新派人士，感情一向很好。此时的柳宗元正被贬永州司马，吕温的逝世对其打击甚大。他在《祭吕衡州温文》中曰：

海内甚广，知者几人？自友朋凋丧，志业殆绝。唯望化光，伸其宏略，震耀昌大，兴行于时，使斯人徒，知我所立。

三年后，柳宗元在朋友处见到吕温故迹，见字如见人，顿时泪如雨下，自是友情深厚。

段九秀才处见亡友吕衡州书迹

[唐] 柳宗元

交侣平生意最亲，衡阳往事似分身。

袖中忽见三行字，拭泪相看是故人。

吕温与刘禹锡也是一生的挚友。吕温去世时，刘禹锡正被贬为朗州司马。获悉好友英年早逝，刘禹锡悲痛不已，也写诗悼念。

哭吕衡州，时予方谪居

[唐] 刘禹锡

一夜霜风凋玉芝，苍生望绝士林悲。

空怀济世安人略，不见男婚女嫁时。

遗草一函归太史，旅坟三尺近要离。

朔方徙岁行当满，欲为君刊第二碑。

815 年，柳宗元 42 岁，刘禹锡 43 岁，二人再度被贬。柳宗元被贬柳州刺史，刘禹锡外放连州，两人同出长安南行到达衡阳，此时的衡阳城内已经没有了吕温。

柳宗元登石鼓山，感慨赋诗，既有伤感，也有思念。

石鼓合江馆

[唐] 柳宗元

九疑浚瀛莽，临源委濛洄。

会合属空旷，泓澄停风雷。

高馆轩霞表，危楼凌山隈。

兹辰始澄霁，纤云尽褰开。

天地日正中，水碧无尘埃。

宵宵渔父吟，叫叫羁鸿哀。

境胜岂不豫，虑分固难裁。

升高欲目舒，弥使远念来。

衡阳往南，柳宗元和刘禹锡不能再同行，于是只能作诗赠别。

衡阳与梦得分路赠别

[唐] 柳宗元

十年憔悴到秦京，谁料翻为岭外行。

伏波故道风烟在，翁仲遗墟草树平。

直以慵疏招物议，休将文字占时名。

今朝不用临河别，垂泪千行便濯缨。

诗题中的"梦得"是刘禹锡的字，诗中道尽两人十年来的坎坷艰辛以及刚被皇帝召回随即又遭贬谪的悲愤。

刘禹锡自然能体会好友规劝中的复杂感情和不忍离别的依依深情，回赠：

再授连州至衡阳酬柳柳州赠别

[唐] 刘禹锡

去国十年同赴召，渡湘千里又分歧。

重临事异黄丞相，三黜名惭柳士师。

归目并随回雁尽，愁肠正遇断猿时。

桂江东过连山下，相望长吟有所思。

诗中既有对自我遭际的回顾和深刻反思，又有对生命沉沦的悲愤和深重忧虑，更是对真挚友情的眷恋和深情歌颂。

819 年，唐宪宗欲召还柳宗元，可还没等诏书到达，柳宗元就在柳州溘然长逝，享年 46 岁。同年刘禹锡又路过衡阳，只是此时的衡阳没有了吕温，也没有了柳宗元。7 年后，刘禹锡一人回到了洛阳，"前度刘郎今又来"，依然是意气风发。

刘禹锡再度来衡阳时赋诗以凭吊好友。

重至衡阳伤柳仪曹并引

[唐] 刘禹锡

忆昨与故人，湘江岸头别。

我马映林嘶，君帆转山灭。

马嘶循古道，帆灭如流电。

千里江蓠春，故人今不见。

诗句看似平淡，但却掩不住与挚友生死永隔的悲痛欲绝和感慨万千。柳宗元临终前托刘禹锡编纂文集，刘禹锡完成和编定了柳宗元遗集《唐故尚书礼部员外郎柳君集纪》，现世上《柳河东集》便是出自刘禹锡所编。

刘禹锡同时也为吕温整理出遗稿 200 篇，共 10 卷，编辑成《唐故衡州刺史吕君集纪》，此时已是吕温去世 10 年后。刘禹锡写道：

（温）年益壮，志益大，遂拔去文字，与隽贤交，重气概，核名实，歆然以致君及物为大欲。每与其徒讲疑考要王霸富强之术、臣子忠孝之道，出入上下，百千年间，诋诃角逐，叠发连注。

这一段话，当是对吕温一生人格、处世、追求的极好概括。

刘禹锡为吕温整理的遗稿中，不仅有两首《合江亭》，更重要的还有一首藏着石鼓书院前世秘密的重要诗作。而在这首诗里，吕温难得露出了轻松愉快的心情，也因这首诗，石鼓书院成为有史料记载的最早书院之一。

石鼓书院因有吕温诗作而流传千年。

石鼓书院对面的来雁塔和珠晖塔交相辉映，也为蒸水、湘江、耒水三水汇合之处　彭琬淇／摄

李宽开创石鼓书院

石鼓书院老照片　丁民／提供

唐元和年间，秀才李宽受韩愈"瞰临渺空阔，绿净不可唾"的感召，在石鼓山上建立"李宽中秀才书院"，开始了石鼓书院千年的传奇。

1200多年以前的事，我们又是如何知道的呢？有诗为证，作诗者正是吕温。

810年春天，吕温调任衡州刺史。他曾偕同弟弟吕恭游览石鼓山，写诗：

题寻真观李宽中秀才书院

[唐] 吕温

闲院开轩笑语阑，江山并入一壶宽。

微风但觉杉香满，烈日方知竹气寒。

披卷最宜生白室，吟诗好就步虚坛。

愿君此地攻文字，如炼仙家九转丹。

诗题就很有考究，点出了时间、地点和人物。时间是夏天，地点寻真观，人物李宽中，最重要的是指明了李宽中秀才书院，这里的李宽中秀才书院就是石鼓书院的前身。李宽中的名字在有些史料中记载为李宽。

李宽来自何方？有学者考证为来自陇西李氏，也就是现在的甘肃。如果真是如此，实在是太远了。唐代诗人张祜有诗《将之衡阳道中作》："衡阳路犹远，独与雁为宾。"张祜要从河北来衡阳，还没有到衡阳，就感觉衡阳好远啊，路上只有大雁来陪伴了。所以，对当时的北方人来说，衡阳的印象就是遥远。如果真是来自陇西，不仅是太远了，且以他甘肃的方言来衡阳教学，估计也是有一定的难度。

那李宽是不是衡阳本地人呢？

万历年间所修《石鼓书院志·书院沿革》中记载："元和间，士人李宽乃始构屋于山之巅，读书其中。"清光绪年间所修《国朝石鼓志·事迹》记载："宪宗元和间士人李宽结庐读书其上，刺史吕温尝访之，有《题寻真观李秀才书院》诗。"南宋大理学家朱熹《石鼓书院记》中曰："故为书院，起唐元和间，州人李宽之所为。"明朝名宦鸿儒周洪谟作《重修石鼓书院记》曰："唐武德中，诏诸州县及乡皆置学。开元中，诏天下州县每里各置一学。是以当时衡阳李宽首建书院于石鼓山，盖遵里学之制，此石鼓书院所由名也。"1657年偏沅巡抚袁廓宇在《请建石鼓书院祀典疏》中记载："及唐，则郡人李宽结庐讲学。"

李宽是来自甘肃还是衡阳本地？他所创办的书院持续了多长时间？史料都不足，难以考证。只有吕温的这首诗是第一手的最佳有力史证。

吕温诗题中说，李宽建书院于寻真观。寻真观始建于629年前后，是道士修炼的地方，传说为唐代道士董练师"飞升羽化"之地。李宽来时，寻真观经过100多年的经营已经有了一定的规模。李宽最初是结庐读书还是借租寻真观也难以考证，但自吕温当了衡州刺史后，很有可能改了道观做书院，或是借用道观的相当部分范围作为书院所用。

始修于1256年的《石鼓李氏族谱》中记载较为具体：

（始祖李宽）结庐石鼓山，昌明理学，多士景从。

据称，李宽结庐石鼓山，最早时称为"读书堂"，不久后追崇时尚，改称为书院。

在《题寻真观李宽中秀才书院》的这首诗中，吕温有了难得的愉快心情。全诗简练明快，语言清淡朴素，直抒胸臆。首联就很值得赞许。"闭院开轩笑语阑"，说明上课时这个院门是关闭的，吕温过来推开关闭的院门，里面有笑语声。院门关闭，学子或是士子们谈笑风生，一幅读书讨论学问的景象，说明此时的书院是热闹的。随后诗中描述书院所处风景，依山傍水，林木葱郁，夏日里竹林清凉，是个极好的读书之地。最后一句则是对李宽的勉励。这里原是道士修炼的道观，而读书作文，如道家修炼九转丹，也需付出极大的努力。

根据史料记载，吕温重视书院教育发展，一时间衡阳文教昌盛，而这首《题寻真观李宽中秀才书院》的诗给书院做了极好的广告。李秀才的书院受到本地第一行政长官的肯定，自然激起学人士子的极大兴趣和追崇，众多学子到此书院来学习，书院一时兴旺起来。

感谢有吕温这样的好官员来过衡阳，重视文化，拜访书院，留下诗篇，以此为证可以让千年之后的我们知道石鼓书院的确切始建时间。这首诗不仅仅有它的文学艺术价值，更有重要的史料价值，是研究石鼓书院文化历史的重要资料，是石鼓书院千年文化瑰宝中绚丽的序章。

石鼓书院创建时间为唐元和元年至五年间（806—810），就时间而言居于全国四大书院之首。白鹿洞书院创建于937—942年，岳麓书院创建于976年，睢阳书院（又称应天府书院）创建于1009年。

石鼓书院不仅是四大书院中创建最早的书院，而且是有史料记载的最早具有教学功能的书院，开创了招收学生授课的先河。从此书院不再只是个人读书、做学问和藏书的地方，而是开创了新的民间教育模式。自此，中国书院经过几百年的发展，最终促使中国古代教育事业进入到官学、私学、书院三足鼎立的新时代。

文化相对落后的"南蛮之地"衡阳，为何能成为古代书院先行者？

首先得益于唐朝科举兴盛的大时代背景，给社会民间办学

创造了条件。其次衡阳属重要交通枢纽，自汉以来就是湘南地区的绝对中心。且境内又有南岳，秀美山水、淳朴民风、便利交通，唐宋时期，被贬、被撤之后以及自己选择来衡阳隐居隐逸的文人士官非常多，其中不乏当时一流的学者、政治思想家和诗人，如杜甫、韩愈、柳宗元、齐映、宇文炫、邹君、吕温等。

　　名人诗作在当时是最好的传播媒介，这些诗文为石鼓书院做了很好的宣传，使得石鼓书院在唐代就已经相当著名，此为四大书院所唯一独特之处。

银装素裹下的石鼓书院别有一番情趣　刘罡/摄

彭依霞 /

第二篇　探索千年书院的求新精神

皇帝赐额，朱子作记而名扬天下

石鼓书院老照片　丁民／提供

唐末到五代，战乱频繁，直到100多年后北宋建立，天下重新太平。北宋是一个政治开明的朝代，开国的五个帝王都曾立下誓言，不杀读书人，于是读书人又有了相对的言论自由。由此出现了历史上著名的文化人，如范仲淹、欧阳修、苏东坡、司马光、王安石等，他们既是政治家，也是大文学家。而另一些文化人则开始自办学舍教书育人，或去到别的书院讲学。宋初80年，国家没有兴学，国民教育全依赖于书院。而此时的石鼓书院得以重建，并因两件重大事件而名扬天下。

李宽之后的100多年里，衡阳城由于战乱，多处被毁坏，曾经被唐代诸多诗人咏叹过的巍峨衡州古城、城墙、城门、城楼都消失得无影无踪，石鼓书院自然也难逃此劫，成为一片废墟。直到997年，由李宽的后人李士真在李宽书院旧址上重建石鼓书院，形成讲学、藏书、祭祀的书院规制，并以"石鼓书院"命名。从此"院以山名，山因院盛"。风景秀美的石鼓山为儒家士大夫学子们读书做学问和讨论的绝佳场所，而书院又使得石鼓山更加熠熠生辉。

李士真是个什么样的人物呢？各版本的《石鼓书院志》中并无明确记载，而《石鼓李氏族谱》中记载比较详细：

士真祖，字子固，宋至道时成进士，不仕。修治裕卿祖（李宽）读书处，荟萃名流，讲学石鼓。一时儒风丕振，人宗仰之。

据李氏族谱记载，李士真是宋至道年间的进士，但他没有选择仕途做官，而是传承李宽家业，重建石鼓书院。这大概与前面所说的当时大时代背景相关联。

科举制度自隋唐创立，唐朝每科进士人数一般都控制在二三十人，录用的大多是贵族弟子，而出身寒门想通过科举入仕难于登天。960年北宋王朝建立，同年宋太祖赵匡胤在百忙之中举行了大宋王朝的第一次科举考试，并为宋朝定下了善待文人的祖制，要求"与士大夫共治天下"。宋代较唐代科举有很大改革，大量的平民子弟也通过科举进入了国家领导层甚至宰相一级，如欧阳修、张雍、范仲淹等。

李士真中进士的"至道"年间是宋太宗的最后一个年号。太宗时每科进士平均230人，全国参加考试的举子往往上万人，最多时达1.2万人。李士真能中进士，可谓凤毛麟角，在衡阳自然是声名鹊起。

是一种怎样的力量让李士真放弃世俗间的大好前景，而在远离市井的石鼓山上重新拾起文化的火种？可以想象一下，当年书是很少见的，印刷书也没有普及，能看到书的人是很难得的，而拥有藏书的书院就成为一种精神的象征，文化人读书人所向往和敬仰的地方，也是一种无形的文化力量。在时局动荡的战争岁月里，一群读书人饿着肚子经历漫漫长路，走进远离战乱的书院，因为有了书，他们快乐而艰难地活着；因为有了书，生命和精神都得到延续。终于有一天，天下太平了，生活相对安逸了，有着丰富藏书的书院就成了读书人的天堂。李士真大概就是这样的读书人中的一位，他毅然选择放弃入仕，既是为了心中的理想，为了衡阳的读书人，也是为了书院文脉的传承。而当这样的一个进士出身的读书人，向官府提出重修石鼓书院，朝廷自是重视。

明朝天顺初年，户部尚书翁世资被贬衡州太守，重修石鼓书院，并作《重修书院记》，其中记载：

> 考之郡志，为唐元和间，有郡人李宽尝即石鼓山为书院，书院之名立矣。岁榛芜不治，至宋至道三年，李士真者援李宽故事，告郡重建，以居学者。石鼓之名由是闻天下矣。虽岳麓、睢阳、白鹿洞殆不是过。

李士真重建书院是石鼓书院历史的转折点，不仅延续了书院的文脉，而且使得石鼓书院晋升为宋初四大书院之一。

朱熹在《石鼓书院记》中记载："至国初时，尝赐敕额。"

宋朝皇帝给石鼓书院赐匾额是什么时间呢？《文献通考》中记载："赐额在太宗太平兴国二年，与朱子记国初者合。"说是宋太宗977年给石鼓书院赐了匾额，只是这时的书院还未重建，旧址上大概是一片荒草丛生，宋代的皇帝不可能为一片废墟而赐匾额。997年农历三月，宋太宗赵光义驾崩于东京宫之万岁殿，年59岁。也正是这年，李士真重建书院。从时间上来推测宋太宗赐匾额有点难度。

有明确和详细的史料记载的是宋仁宗给石鼓书院所赐匾额的史实。1488—1505年，衡州知府何珣重修石鼓书院，竣工后请礼部尚书周洪谟作《重修石鼓书院记》，其中记载：

> 宋至道间，郡人李士真援故事，愿以私财即合江亭故址造书院，以居衡之学者。景祐中，赐敕额及田五顷。

景祐是宋仁宗的年号，宋仁宗不仅给石鼓书院赐了匾额还赐予了学田，这让书院在社会地位和经济上都得到了保障。

宋仁宗赐匾额，据说在元朝时依然有碑文记载。

1657年巡抚袁廓宇奏请朝廷重修石鼓书院，得到顺治批准，石鼓书院成为清代最早恢复办学的书院，自此各地书院才相继得以修复。袁廓宇在其《请建石鼓书院祀典疏》中写道："当元世祖而复振，碑称宋景祐中赐额石鼓书院。"1264—1294年石鼓书院重修时还有碑记，且碑文中记载石鼓书院赐匾额的时间为宋仁宗景祐年间。

是怎样的机缘能让宋朝皇帝，对偏远的衡阳石鼓书院又是赐匾额又是赐学田呢？

明万历《石鼓书院志卷上部·书院沿革》记载：

> 景祐间，集贤校理刘沆以书院上请，始赐额并学田，与睢阳、岳麓、白鹿并称为四大书院。

刘沆（995—1060），进士出身，曾任北宋宰相，集贤殿大学士（集贤校理）。集贤殿大学士是为朝廷掌管修书，不仅学问好，对读书人也非常重视。史料记载刘沆个人藏书非常丰富，他是江西省永新县人，江西是北宋乃至整个宋代书院最发达的地区，书院教育对刘沆的成长产生过深刻影响。

1035年，刘沆任衡州知府。来衡阳前，刘沆曾担任太常博士，掌教弟子。来衡阳后，对书院教育非常重视，将石鼓书院有关情况上奏朝廷，请求皇帝颁赐院额。此时正是北宋书院发展的高峰期，宋仁宗对书院文化非常重视，于是应刘沆之请，于当年或次年赐额"石鼓书院"。自此石鼓书院虽经多次重修，从未易名。

100 多年后，1187 年朱熹为石鼓书院作《石鼓书院记》，是石鼓书院历史上又一重大事件。

明朝监察御史薛纲在石鼓书院《大成殿重修记》中记载：

唐人李宽首筑室讲道其（石鼓山）上，而书院之名始闻矣。宋初尝赐敕额，遂与岳麓、白鹿洞相颉颃，而书院之名始盛矣。淳熙间……又得晦翁朱子为之记，而其名益盛矣。

朝廷赐额是顶级官方重视，朱子作《石鼓书院记》则是学术权威认证。这两件大事使得石鼓书院名扬天下，成为天下三大书院之一、四大书院之一。

石鼓书院的诗词碑墙，共嵌有 38 篇碑文，为自宋至清各朝重修石鼓书院记、赋和赞　佳佳／摄

朱熹与《石鼓书院记》

朱熹画像

朱熹（1130—1200），字元晦，号晦庵，又称考亭先生。朱熹出身儒学世家，父亲朱松是北宋二程的后学，其家族是地方上的名门望族。然而，朱熹出生那年正是南宋王朝风雨飘摇宋高宗南逃至杭州的那年，幼年的朱熹生活颠沛流离，家庭困顿，两个哥哥都不幸早夭。父亲朱松将振作家声的希望寄托在朱熹一人身上，亲自教导朱熹，传授《孝经》《春秋》《左传》等。朱熹14岁时父亲病逝，后又受刘子羽、刘子翚、刘勉之、胡宪等几位儒学大师的教导。接受多位名师教导过的朱熹果然不负厚望，19岁考中进士，一生博览经史，治学严谨，著作宏富，最终成为理学的集大成者。

朱熹一生入仕不过8年，其理学思想并不受当朝统治者重视，甚至在晚年备受排挤打压并累及门生学徒，去世6年后才得以平反。宋理宗时代，朱熹的学说取得了儒家的正宗地位，尤其是其编著的《四书集注》从元代开始成为科举考试的教科书，成为后世读书人必读之书，这大概是朱熹生前没有料到的。

朱熹一生与书院结下难解之缘。学习期间曾就读于南溪书院、星溪书院、屏山书院等；成年后创建了寒泉精舍、云谷晦庵草堂、武夷精舍、考亭书院；又重修了白鹿洞书院、岳麓书院、湘西精舍。南宋书院的发达与朱熹一生的努力奉献密不可分，其为书院文化的复兴鞠躬尽瘁，在书院文化的历史长河里可谓功不可没。

石鼓书院与朱熹最深的渊源则是朱熹为石鼓书院作《石鼓书院记》。

1200 多年来，石鼓书院受自然损坏在所难免。同时，书院建筑或毁于天灾兵祸，或年久失修，或不能适应书院发展需要，经历了不断重修和扩建的岁月沧桑，有史料记载的重建及大规模修复就有十多次。

1185 年，部使者潘畤在石鼓书院旧址上进行修复重建，但工程尚未完成就调离了衡阳。1187 年，提刑宋若水在潘畤重修的基础上，继续重修工程，并拓展了原有规模。竣工后，宋若水请朱熹作《石鼓书院记》，其中记载了这次重修工程：

淳熙十四年，部使者东阳潘侯畤德鄜，始因旧址列屋数间，榜以故额，将以俟四方之士有志于学而不屑于课试之业者居之，未竟而去。今使者宋侯若水子渊，又因其故益广之，别建重屋以奉先圣先师之像，且摹国子监及本道诸州印书若干卷，而俾郡县择遣修士以充入之。盖连帅林侯栗，诸使者苏侯诩、管侯鉴、薛侯伯宣，皆奉金赍，割公田以佑其役，逾年而后落其成焉。

朱熹为石鼓书院作《石鼓书院记》时，宋朝建立已有 200 多年，原本生机勃勃的科举制度也开始走向僵化。当时的官学只重科举，不考德行，而学子们也是只求功名。对此，朱熹在《石鼓书院记》中对官学进行了严厉的批评，同时对重修石鼓书院之事大加赞赏，倡导学子们要提高自我修养、注重实践，倡导书院要以义理之学教育诸生。

朱熹在《石鼓书院记》曰：

予惟前代庠序之教不修，士病无所于学，往往择胜地、立精舍，以为群居读书之所，而为政者乃或就而褒表之，若此山，若岳麓，若白鹿洞之类是也。

这里就把石鼓书院与岳麓书院和白鹿洞书院并列，由此有了"天下三书院"之说。由于朱熹在中国文化史上的崇高地位，"三书院"说一经提出，从之者众。

南宋周必大以宰相之尊主盟文坛，其在1202年所作的《太和县龙洲书院记》中曰：

阅两月工已讫告，遂仿潭之岳麓、衡之石鼓、南康之白鹿，榜曰龙洲书院。

石鼓书院作为"天下三书院"也好，"天下四书院"也罢，应与朱子所作《石鼓书院记》不无关联。

朱熹有没有来过石鼓书院讲学呢？查阅一些史料，也请教了相关专家，难以确定。1158年12月与1165年5月，朱熹曾两度差监南岳庙；1167年朱熹与张栻会讲于岳麓书院两个月之久，后来南岳游历7日；作《石鼓书院记》后的1194年朱熹任潭州荆湖南路安抚使，又在长沙重修了岳麓书院。朱熹在湖南是有些时日的，再者衡阳城内曾留下了其祖师爷周敦颐少年时的足迹，我们推测，朱熹大概是来过石鼓书院的。尤其是其《石鼓书院记》开头一句："石鼓据蒸湘之会，江流环带，最为一郡佳处。"当年没有照片，如未到此，怎会有如此亲临其境之感。

明朝王大韶作《重修石鼓书院记》中曰:

天下四大书院,衡州石鼓其一。晦庵(朱熹)、南轩(张栻)讲学于兹,昌黎韩退之(韩愈)经过驻节,李宽、李士真读书于其上,盖文献地也。人杰则山灵,星聚则名显,自古以来,未之或改。

王大韶,衡阳县人,青少年时求学于石鼓书院,师从湛若水、蔡汝楠研习阳明心学。历任泗州知州、建昌府推官,官至御史,曾两次主持参与修订《石鼓书院志》。一次是1579年,由湖南提学黄希宪率王大韶完成。10年后,1589年,由衡阳知府李安仁率其完成。现在所存万历《石鼓书院志》就是由王大韶第二次完成的版本。王大韶在《重修石鼓书院记》中认为朱熹来过衡阳,并讲学石鼓书院。

无论朱熹来没来过衡阳,有没有在石鼓讲学,但在《石鼓书院记》中阐述的书院办学的指导思想、教学内容、教学方法等,都为石鼓书院后来几百年的持续发展和繁荣奠定了坚实的基础。同时也成为中国古代书院的办学宗旨和教学原则,不仅为当时全国各书院效法,而且影响到元、明、清之后的书院。对中国古代书院的教育和发展,产生了极为深远的影响,同时也对之后的湖湘文化产生了重大影响。

石鼓书院与朱熹另外一段渊源在其女婿黄榦。黄榦从小跟随朱熹学习,后成为朱熹女婿,被朱熹视为道统继承人。黄榦曾担任过湖南学事,见石鼓书院经费紧张,奏请朝廷,为石鼓书院购置学田。由此黄榦也进入石鼓七贤之一,受到后世学子的祭祀。

明朝万历年间管大勋有诗以纪念朱熹：

石鼓书院怀晦庵先生

[明] 管大勋

吾道在南州，考亭宗尼父。

正教衍淳熙，名言祀石鼓。

崇台几废兴，丰碑丽今古。

国步值艰难，世俗多聋瞽。

独以生平学，抗论悟人主。

立朝踪已危，乞祠心独苦。

白鹿垂芳规，岳麓存圣矩。

至今蒸湘间，犹然等邹鲁。

因为有了朱熹的推崇，石鼓书院有幸在天下众多书院中脱颖而出，盛名远扬。在此有必要将《石鼓书院记》完整刊出，以示对朱子的崇敬和怀念。

石鼓书院记

[南宋]朱熹

　　石鼓据蒸湘之会，江流环带，最为一郡佳处。故为书院，起唐元和间，州人李宽之所为。至国初时，尝赐敕额，后乃复稍徙而东，以为州学，则书院之迹，于此遂废而不复修矣。淳熙十四年，部使者东阳潘侯時德鄜，始因旧址列屋数间，榜以故额，将以俟四方之士有志于学而不屑于课试之业者居之，未竟而去。今使者宋侯若水子渊，又因其故益广之，别建重屋以奉先圣先师之像，且摹国子监及本道诸州印书若干卷，而俾郡县择遣修士以充入之。盖连帅林侯栗，诸使者苏侯诩、管侯鉴、薛侯伯宣，皆奉金赀，割公田以佑其役，逾年而后落其成焉。于是，宋侯以书来曰："愿纪其实，以诏后人，且有以幸教其学者，则所望也。"

　　予惟前代庠序之教不修，士病无所于学，往往择胜地、立精舍，以为群居读书之所，而为政者乃或就而褒表之，若此山，若岳麓，若白鹿洞之类是也。至本朝，庆历、熙宁之盛，学校之官遂遍天下，而前日处士之庐无所

用，则其旧迹之芜废，亦势固然也。不有好古图旧之贤，孰能谨而存之哉？抑今郡县之学官置博士弟子员，皆未尝考其德行道义之素，其所授受，又皆世俗之书，进取之业，使人见利而不见义，士之有志为己者，盖羞言之。是以别求燕闲清旷之地，以共讲其所闻而不可得。此二公所以慨然发愤于斯役而不敢惮其烦，盖非独不忍其旧迹之芜废而已也。故特为之记其本末以告来者，使知二公之志所以然者，而无以今日学校科举之意乱焉。又以风晓在位，使知今日学校科举之教，其害将有不可胜言者，不可以是为适然，而莫之救也。若诸生之所以学而非若今之人所谓，则昔吾友张子敬夫所以记夫岳麓者语之详矣。顾于下学之功有所未究，是以讲其言者，不知所以从事之方，而无以蹈其实。然今亦何以他求为哉？《易》曰：养其全于未发之前，察其几于将发之际，善则扩而充之，恶则克而去之。其亦如此而已，又何俟于予言哉！

张栻与石鼓书院

张栻画像

朱熹为什么会为石鼓书院作《石鼓书院记》，是什么因缘成就了这段美谈？这里必须介绍石鼓书院历史上另外一位非常重要的人物——张栻。

作为湖湘学派代表人物的张栻，与闽学派的朱熹、婺学派的吕祖谦同称"东南三贤"。三人年岁相差不大，师承渊源都是出自程颢、程颐"二程"理学。1163年，南宋隆兴元年孝宗皇帝登基，张栻、朱熹、吕祖谦同在新皇帝的召见之列，三人一相见便为知音好友。1164年，张栻父亲张浚在江西余干去世，张栻扶枢回湖南路过南昌。朱熹匆匆赶来登船拜祭，一直护送至丰城，两人在船上相谈三昼夜，依依难舍。分别后，两人书信不断，磋商学问，交往十分密切。

张栻（1133—1180），号南轩，四川绵竹人。父亲张浚学养深厚，是程颐的再传弟子，著有《论语解》《春秋解》等，其又是南宋宰相，不仅位高权重，而且是南宋著名的主战派领袖，致力于收复北方失地。在南宋朝廷主和派占上风的情况下，张浚多次受到排挤，居住于湖南永州和长沙，也由此张栻随父亲长期居住湖南，虽为川中子弟却成了正宗的"南岳之子"。

张栻曰：

某自幼侍亲来南，周旋三十余年间，又且伏守坟墓于衡山之下，是以虽为蜀人而不获与蜀之士处。

张栻自幼才华出众，6 岁时在永州天庆观读真宗御制碑文，竟能过目成诵，且从小就对圣人之学表现出浓厚兴趣。1146 年，宋高宗问张浚儿子的学业，张浚答道："臣子栻年十四，脱然可与语圣人之道。"张栻除跟从父亲学习之外，曾从学于司马光再传弟子刘伟门人及胡安国门人刘芮，5 年后拜赵鼎门人王大宝为师。而使其成为湖湘学派重要的学术领袖的重要原因，则是 29 岁正式拜胡宏为师。

胡宏（1102—1162），福建崇安（今福建武夷山市）人，因长期居住南岳衡山五峰（祝融、天柱、芙蓉、紫盖、石禀）之下，人称五峰先生。其父亲胡安国为"二程"再传弟子。1130 年，在南宋初年的乱世中，胡安国带着家人从荆门避居南岳衡山，建立文定书院。此后 30 余年，胡氏父子在此讲学撰著，深论《春秋》，众多湖湘弟子聚此受教，由此成为湖湘学派的开创者和奠基人。

胡安国次子胡宏从小接受父亲教育，后又从师于杨时和侯仲良，《宋史·儒林五》中说胡宏是"而卒传其父之学"。秦桧当权后，曾致书胡宏的兄长胡寅，"问二弟何不通书？意欲用之"。胡宏不愿与秦桧为伍，在《与秦桧书》中严词谢绝了秦桧的邀请，表明了自己已立志专做学问、不求功名利禄的志愿。秦桧死后，胡宏又一次被召，他仍托病不出，以后竟终身不仕。

《宋元学案》卷 42《五峰学案》中记载："胡宏一生矢志于道，以振兴道学为己任。他说：'道学衰微，风教大颓，吾徒当以死自担。'"

胡宏在南岳曾作诗《独坐》，何其自在之心境：

卜居幽胜衡山绕，五峰西望青云杳。

乍聚乍散看浮云，时来时去看飞鸟。

卷舒自在都无情，饮啄天然类不扰。

我生何似鸟与云，掉头心向人间了。

胡宏著书有《知言》《皇王大纪》和《易外传》等，张栻为《知言》作序，曰：

《知言》一书，乃其平日之所自著。其言约，其义精，诚道学之枢要，制治之蓍龟也。

清代著名史学家全祖望在《五峰学案》中称道胡宏：

绍兴诸儒所造，莫出五峰之上。其所作《知言》，东莱以为过于《正蒙》（北宋张载作），卒开湖湘之学统。

钱穆先生也说：

[宋]南渡以来，湖湘之学称盛，而胡宏仁仲岿然为之宗师，学者称为五峰先生。

张栻拜胡宏为师之路并不顺利。早在 1150 年，他就遵照父亲张浚之意，欲拜胡宏为师，胡宏却称病拒见。不久张栻又前往拜见，胡宏仍坚持不见。但张栻没有气馁，再次启程拜师，胡宏答应见他，仍无收徒之意。

魏了翁在《宋元学案·南轩学案·跋南轩所与李季允帖》中说：

南轩先生受学五峰，久而后得见。犹未与之言，泣涕而请，仅令思忠清未得为仁之理，盖往返数四，而后与之。

胡宏担心张栻心性不定，难以传承，前三次都予以拒绝。

张栻第三次拜师被拒后，在经史典籍中搜集颜渊言行的记载，于1159年辑成《希颜录》上下篇，早晚诵览，致知力行。胡宏审读《希颜录》后大喜，又了解到张栻品行端正，勤奋自励，兼之"泣涕而请"，语诚心契，便心有所动，最后慨然授业。1161年春，29岁的张栻终于在南岳的文定书院正式拜胡宏为师，"遂得湖湘之传"。

胡宏得到张栻，感慨道："圣门有人，吾道幸矣。"并给孙正儒写信高兴地说：

> 敬夫（张栻）特访陋居，一见真如故交，言气契合，天下之英也。见其胸中甚正且大，日进不息，不可以浅局量也。河南之门，有人继起，幸甚，幸甚！

同年，胡宏去世。

拜胡宏为师，是张栻学术水平跃升的关键一步。从此，张栻遵从恩师的遗教，完善自己的思想体系，使湖湘学派的文脉得以传承和光大。

张栻著述甚丰，有《易说》《癸巳孟子说》《经世纪年》等13种90余卷。但大多散失，今存《南轩文集》44卷、《孟子说》7卷、《论语解》10卷、《南轩易说》3卷。如果说胡氏父子是湖湘学派的开创奠基者，那么张栻就是使湖湘学派达到极盛的传扬者。《宋元学案补遗·武夷学案补遗》所言"方今学术源流之盛，未有出湖湘之右者"，其促进之功，盖莫大焉。张栻由此成为湖湘学派集大成者。

石鼓书院是张栻创立及传播湖湘文化的重要阵地，他曾多次来讲学，并为石鼓书院作有多篇诗文。

张栻为石鼓书院武侯祠作赞：

汉丞相诸葛忠武侯画像赞

[南宋] 张栻

惟忠武侯，识其大者。仗义履正，卓然不舍。

方卧南阳，若将终身。三顾而起，时哉屈伸。

难平者事，不昧者几。大纲既得，万目乃随。

我奉天讨，不震不竦。维其一心，而以时动。

噫侯此心，万世不泯。遗像有严，瞻者起敬。

张栻所处南宋，偏安东南一隅。受父亲的影响，张栻自然也是积极的主战派。张栻和朱熹都追求正统，主张收复中原。恢复宋朝以前的疆域，一直是他们的理想，而诸葛亮则成了他们心目中中兴宋朝的寄托。朱熹最喜爱的文章就是诸葛亮的《出师表》，他请当时著名的书法家张孝祥为自己书写《出师表》挂在家里。而张栻的书房里则挂了阎立本画的孔明画像。他们都认为诸葛亮是真正的儒家，其"忠""义"思想和精神，正是汉民族精神的重要体现。

张栻在《汉丞相诸葛忠武侯画像赞》中说诸葛亮最大的精神就是"忠""义"和"正"。什么是张栻心中的"忠""义""正"呢？张栻不仅写了《武侯祠赞》，还写了《武侯祠记》。在《武侯祠记》中张栻写道："不以强弱利害二其心，盖凛凛乎三代之佐也。"这是张栻对诸葛亮的"忠"的最好诠释。不以强和弱做选择，为了义，可以放弃强而选择弱，可以放弃利而选择害，这是诸葛亮对刘汉的忠心。

《三国志》中记载，刘备白帝城托孤时对诸葛亮说："若嗣子可辅，则辅之；如其不才，君可自为成都之主。"吓得诸葛亮倒地磕头，把头都磕出血来。刘备死后，诸葛亮大权独揽，却是中国历史上少有的能够完身完名的托孤权臣，这与他对刘汉政权的"忠""义"不无关系。诸葛亮最终鞠躬尽瘁，死而后已，这是"不二其心"。因此，张栻认为诸葛亮是"凛凛乎三代之佐也"。张栻认为诸葛亮可以与夏商周三代的名相相比，如伊尹、姜子牙、周公等。"忠""义"让诸葛亮成为千古名相，这也是中国传统文化中最受崇敬的品德和精神，也是儒家思想的重要内涵。

从这里我们可以探寻作为湖湘文化的开创者之一的张栻的核心思想精神。他对"忠""义""正"的理解，正是湖湘学派所提倡的：匡扶正义、敢为天下先的精神，以天下之任为己任的精神。

张栻一生致力于书院教育。在他看来，北宋之所以灭亡，就是因为多数官员为了功名利禄而求学做官，失去了责任担当和血性，成为精致的利己主义者。他反对仅为科举利禄而学的士风，提出"成就人才，以传道而济斯民"的办学宗旨，希望能以理学所致力的拯救时弊和匡扶世道人心的思想从事书院教育，培养湖湘弟子。

受张栻的影响，湖湘学子们很少流于空谈心性，更主张在经邦济世的社会政治活动中求道传道，由此铸就了融合儒家筋骨和楚蛮血性的湖湘文化。经过一代一代人的努力，原本潇湘荆蛮之地成为儒风兴盛之所，形成湖湘文化的"传道济民，经世致用"的传统。

南宋是书院蓬勃发展的繁荣时期。1165年，湖南安抚使刘珙重建岳麓书院，随即聘请张栻主管。张栻念及老师胡宏曾希望出任岳麓书院山长一职未能如愿，遂只代理山长一职。

张栻与朱熹一样是一辈子都想做教师的大学者，跟文化较劲。张栻曾给朱熹写信："今日大患，不悦儒学，争驰乎功利之末……所恨无人朝夕讲道至理，以开广圣心，此实今日兴衰之本也。"张栻曾对学子们说："学者潜心孔孟，必求门而入，愚以为莫先于明义利之辨。"在他心中，没有比"义"更重要的。

1167 年 8 月，张栻邀请朱熹来岳麓书院一起讲学。9 月，朱熹带着弟子林用中等一行人从福建崇安出发，翻山越岭，一路风尘，到达长沙。他们讨论《中庸》之义，场面相当热烈，两位思想家的碰撞，如同电光石火，看似平常之处，总是陡起波澜，精彩无比。"朱张会讲"引起人们极大的兴趣，前来听讲者络绎不绝。这种学术讨论后来有了一个名字叫"会讲"，会友讲学。

朱张会讲之后，来到南岳游玩。一行人一进入南岳，见到高山大壑、深林古木，溪涧盘绕、流泉淙淙，气象非凡，触目皆是诗情画意，不由诗兴大发，不时有佳作诗词吟诵。

时至 11 月，南岳已是冰雪封山，朱熹吟诗：

登南岳中次韵

[南宋] 朱熹

穿林踏雪觅钟声，景物隆迎步步新。

随处留情随处乐，未妨聊作苦吟人。

残雪未消次择之韵

[南宋] 朱熹

脚底悲风舞冻鸦，此行真是蹑苍霞。

仰头若木敷琼叶，不是人间玉树花。

南岳祝融峰 彭斌／摄

张栻和之：

和元晦莲花峰韵

[南宋] 张栻

玉井峰头十丈莲，天寒日暮更清妍。

不须重咏洛神赋，便可同赓云锦篇。

残雪未消次择之韵

[南宋] 张栻

兀坐竹舆穿涧壑，仰看石径接烟霞。

是间更有春消息，散作千林琼玉花。

　　此时的南岳山上已是冬日雪景，大雪纷飞。但风雪挡不住他们的脚步，他们决定冒雪登上山顶。到了半夜，雪停了，天上"明星烂然"。第二天早晨，一轮红日冉冉升起。一夜之间历经三种奇观：冬日风雪、繁星满天以及南岳日出，于是又激起诗人们无限的诗意。一行人 7 天下来竟有 149 首诗作，后结成《南岳倡酬集》，张栻作序、朱熹写后记，成为中国诗词史上的别致之曲。

　　朱张二人作为著名理学家，其文学观点基本上是继承了周敦颐、程颐等"文以载道"的主张，有"重道轻文"的倾向，然而他们的诗歌也有相当高的艺术成就。朱熹认为诗歌是"感于物而动，而发于咨嗟咏叹之余者"。在南岳所作诗歌也是诗人们借南岳山川景物来抒发自己空高明澈的情怀,这是朱张留给南岳的宝贵文化遗产。

"朱张会讲"首开不同学派的自觉交流之风,促进了理学的繁荣和发展,自然对朱熹和张栻双方的学术思想都产生了关键性的影响。《宋书·道学传》中记载:"(张栻)既见朱熹,相与博约,又大进焉。"而朱熹后来回忆道:"敬夫(张栻)所见,超诣卓然,非所可及。"(《朱文公文集》)

通过与湖湘学派的不断交流和讨论,朱熹的思想有了质的飞跃,逐渐完善了他的理学思想体系,成为理学的集大成者。而湖湘书院又因为朱熹的到来,树立了不同学派间的自由讲学、互相讨论、求同存异的典范。

朱熹后来在诗中回忆:

> 忆昔秋风里,寻盟湘水傍。
> 胜游朝挽袂,妙语夜连床。
> 别去多遗恨,归来识大方。
> 惟应微密处,犹欲细商量。

诗歌语句平实,通俗易懂,情到深处,最朴素的语言最能打动人心。前面四句回忆朱张会讲及南岳之游的快意,朱张会讲后的 10 余年间,两人继续以书信往来方式切磋学问,只是两人在理学的框架内仍有分歧,正所谓大同而小异。从这首诗的后面四句推测,朱熹写这首诗时,张栻可能已经不在人世了。

1180年3月,48岁的张栻英年早逝。第二年吕祖谦去世,"东南三贤"唯余朱熹。朱熹比张栻大3岁,张栻去世后,朱熹又活了20年,朱熹的重要著作大都出自后20年。朱熹自己说:

如果张栻不死，他的学问应在我之上啊。张栻之所以成就不及朱熹，大概与不能如朱熹一样长寿有关。如果张栻有寿，宋代思想史或许会更加精彩。

张栻之死，使得朱熹如同断了一条臂膀。他曾派人无比凄戚地在张栻的灵前宣读祭文："伤哉，吾道之穷，予复何心于世也！"后又专程到其墓地进行吊祭，并亲手编定了张栻的文集。朱熹在《文集·序》中说张栻的学术"足以名于一世"，其理学思想如同一根矗立的灯柱，在茫茫太空中，只有日月星辰才可以与之俯仰对视。

张栻的学说，让学习之人内心有一种充沛感，心灵承受着风波海涛的袭击。张栻一直在试图解决古代哲学中一直难于解决的宇宙的本原问题，这种努力使他毕生处于一种与文化纠缠不清的张力状态之中，在与生命的竞跑中，一刻也不能停止，就像穿上了红舞鞋，必须狂舞到死。

400多年后，1506年明朝心学代表人物王阳明（1472—1529）被贬龙场驿的途中，路经长沙，徘徊于岳麓书院之中，不由作诗思念朱张两位先贤。

忆朱张两夫子

[明]王阳明

客行长沙道，山川郁绸缪。

西探指岳麓，凌晨渡湘流。

逾冈复陟巘，吊古还寻幽。

林壑有馀采，昔贤此藏修。

我来实仰止，匪伊事盘游。

衡云开晓望，洞野浮春洲。

怀我二三友，伐木增离忧。

何当此来聚，道谊日相求。

　　诗作表达了作者对朱张两位先贤的思念和孤独惆怅的流放生活中的文化寄寓。尽管王阳明对朱张理学有不同的看法，但崇敬之心始终不改。他来岳麓书院不只是寻幽探古，更是瞻仰先贤。他认为朱张学说具有开云见日的无穷魅力，而他来此就是追求儒家的道德、理义。王阳明用平白的句子，将心迹表白得一览无遗。将深刻的思想写得很通俗，是件很不容易的事。

　　岳麓之行对王阳明一生影响极大，从此种下了书院情结，并投身于书院教学活动。在环境恶劣、生活清苦的贬谪生涯中，他仍然坚持创办龙岗书院，颁《教条示龙场诸生》，以"立志、勤学、改过、责善"勉励门徒。

　　明朝张翀，进士，授翰林院国史编修，知识广博，曾修《三朝要典》，显示出一代史官的才气和胆量。他来到石鼓书院，也为怀念朱熹和张栻赋诗：

登石鼓怀朱张二先生

[明] 张翀

秋风吹庭树，叶落江之滨。

江水流何长，独坐伤我心。

二贤不可作，吾道谁知音。

壮哉宇宙事，千古如相闻。

　　如果朱张依在，张翀大概有一肚子话想说想问想探讨吧。

　　我们为什么要在此停留这么长的时间？我多次站在石鼓书

院的合江亭上，望着北去的湘江，遥想千百年来的石鼓与岳麓两书院是怎样的关系。石鼓书院旁的青草桥边就是大码头，不仅有众多的渔船，还有往来的商船。当年文人远行基本上是利用水运，这也就是那么多的名人文士来衡阳都必来石鼓山的原因之一。湘江从石鼓往北就到岳麓，石鼓的师生们从草桥上船，大概两天时间就能到岳麓。这样近的距离，朱张会讲自然有石鼓书院师生们的共同参与，同时在千年书院发展史上，也使得石鼓与岳麓两书院在学术上相辅相成、一脉相连。

明朝陈凤梧，进士出身，官至南宁都御史，1514年首编《岳麓书院志》。他曾作《石鼓书院》诗二首，其中一首：

石鼓书院

[明]陈凤梧

岳麓湘西石鼓东，前贤遗迹两山同。

地当流峙双清处，人在乾坤并立中。

原道直分洙泗水，怀高长咏舞雩风。

何当深夜披襟坐，万籁无声月影空。

石鼓与岳麓，来过的先贤，传承的文脉，几乎都是相同的，都是湖湘文化创立和发展的重要基地，在传播和繁荣湖湘文化上都起到了至关重要的作用，是湖湘书院中两座并列而又互相影响的高峰。

石鼓七贤之一周敦颐

周敦颐画像

在朱熹作《石鼓书院记》和张栻来石鼓书院讲学的100多年前，衡阳城里最耀眼的少年是周敦颐。在周敦颐面前，朱熹和张栻都得恭恭敬敬地叫声祖师爷。

汉代独尊儒术后，官学的任务是传注儒经，并由此形成一批世家大族，垄断了高官和学术，并逐渐走向僵化。到了两晋南北朝时期，玄学、道教兴盛，从印度传来的佛教更是风靡壮大，此时的儒家已经无法凝聚人心。从中唐到宋初，韩愈等人开始了持续的复兴儒学运动，试图将儒学从支离破碎的汉学中拯救出来，而在众多学者中，周敦颐成为理学的开山鼻祖。

贺瑞麟《周子全书序》云：

> 孔孟而后千有余年，圣人之道不传。道非不传也，以无传道之人耳。汉四百年得一董子，唐三百年得一韩子，皆不足与传斯道。至宋周子出，而始续其统，后世无异词焉。

这里的董子即董仲舒，韩子即韩愈，这里将周敦颐誉为孔子和孟子之后的第一人。

《宋史·道学传》曰：

> 两汉而下，儒学几至大坏。千有余载，至宋中叶，周敦颐出于舂陵，乃得圣贤不传之学，作《太极图说》《通书》，推明阴阳五行之理，明于天而性于人者，了若指掌。

黄宗羲《宋儒学案》曰：

> 孔子而后，汉儒止有传经之学，性道微言之绝久矣。元公

> （周敦颐）崛起，二程嗣之……若论阐发心性义理之精微，端
> 数元公之破暗也。

都将周敦颐创立理学学派提到了极高的地位。

周敦颐在吸收佛道精髓的基础上，构建起儒学世界观。他寻求人生天地间运转的大道理，并与人生观、价值观相统一，追求人格的健全。从此孔孟的道德训诫和品格修养，具有形而上学的根基，以及超越生活的永恒崇高使命，儒家文化以理学的新面貌复兴，进入了一个全新的境界，成为宋元明清的主流意识形态。

周敦颐的成长与衡阳石鼓书院有着密切关系。

周敦颐（1017—1073），号濂溪，道州营道（今湖南道县）人。其5岁时父亲去世，1024年，7岁的周敦颐随母亲被舅舅郑向接来衡阳，衡阳是周敦颐的第二个故乡。郑向学识渊博，曾考进士第一甲，以龙图阁直学士致仕。郑家是衡阳的名门望族，祖孙三代皆进士及第，一门五进士，乃衣锦诗书传世之家。

周敦颐从小仁孝聪慧，读书勤奋，深得舅舅郑向喜爱，亲自为其授课督学。因周敦颐自幼喜爱白莲，于是郑向就在自家宅前凤凰山下"西湖畔构亭（爱莲亭）植莲"。据说是"汪洋千顷，足称伟观"。初夏白莲盛开，花月交辉，满湖锦绣，微风徐来，缕缕清香，沁人心脾，故有"西湖夜放白莲花"的典故传世，为衡阳八景之一。这种得天独厚的自然生活环境，为少年周敦颐提供了丰富的想象和创作空间。莲花香、净、柔、软、不可染的品性，陶冶了少年周敦颐的思想情操。

47岁的周敦颐任虔州通判时，以《爱莲说》赠友：

> 水陆草木之花，可爱者甚蕃。晋陶渊明独爱菊。自李唐来，
> 世人盛爱牡丹。予独爱莲之出淤泥而不染，濯清涟而不妖，中通

外直，不蔓不枝，香远益清，亭亭净植，可远观而不可亵玩焉。

1730 年，湖南学政习寯来衡阳见新建的爱莲亭中立有《爱莲说》碑，于是有感而写《衡阳县学爱莲亭记》："元公少孤，读书舅氏，爱池之白莲，著《爱莲说》以见意。"无论《爱莲说》是不是周敦颐在少年时就已创作完成，或有初稿，或有《爱莲亭说》，受西湖白莲之启悟是毫无疑问的。

《爱莲说》中有多少西湖莲花的影子，如今的西湖公园里依然是满池荷花。夏日之时，荷花竞妍，莲叶田田，习习熏风送来缕缕馨香，人徘徊于亭间桥上，荷花人面相映成趣，实为一种享受。人的心境，在这样的地方被净化了，没有什么世俗是不能解脱的。

西湖莲花之地距离石鼓书院不远，出了郑家门不过几百步就到了石鼓书院。周敦颐在衡阳的 12 年，正是一个人走向成熟的 12 年。而这时的石鼓书院又正是宋仁宗赐匾额的蓬勃发展时期，少年的周敦颐在闻名天下的石鼓书院读书，甚至讲学都是有可能的。

周敦颐 19 岁那年经过舅舅郑向的办公室时，听见郑向正与朝廷来的官员为了一个案子在争论，便进去参与讨论，所提建议竟然被认可，同时也被这个官员看重而向朝廷推荐。因为周敦颐的父亲是个县令，级别不够，因此被变通以舅父从三品官的名义荫补，保举周敦颐为官。于是受石鼓书院文化熏陶过的周敦颐 19 岁离开衡阳，开始了官场沉浮。

周敦颐晚年修《十五代先人齿录》时在谱序中写道：

景祐时（1036），过舅氏郑署，谬以一言清疑谳，为有司物色，先司理南安，历康郡知事，惴惴焉虑不称当官。

《宋史·周敦颐传》中也记载：

有狱久不决，敦颐至，一讯立辨。邑人惊曰："老吏不如也。"部使者荐之，调南安军司理参军。

1036 年，周敦颐由郑向"以叙例应荫子"举荐，未经科举考试而直接"荫补入仕"。1046 年，周敦颐在南安做官时，程珦见他气貌非常人，跟他交流更知他有大学问，于是交为朋友，并且让两个儿子程颢、程颐拜周敦颐为老师。

《宋史·周敦颐传》记载：

掾南安时，程珦通判军事，视其气貌非常人，与语，知其为学知道，因与为友，使二子颢、颐往受业焉。敦颐每令寻孔、颜乐处，所乐何事，二程之学源流乎此矣。

胡宏《通书序略》曰：

今周子启程氏兄弟以不传之妙，一回万古之光明，如日丽天，将为百世之利泽，如水行地。其功盖在孔孟之间矣。

程颢、程颐在周敦颐的教育启示下，同为宋明理学的奠基者，其理学思想对后世有重大影响。周敦颐的学说和思想得到了二程的继承和发扬。

朱熹评价周敦颐：

千年道统新吾宋，万世儒宗首此翁。

张栻评价周敦颐：

惟先生崛起于千载之后……孔孟之意，于是复明。

周敦颐距离孔子创立儒学已经过去了 1500 年，而他所创理学又提出了许多新问题，并作出了新的论断，把儒学推到了一个新的阶段。然而，周敦颐在世时并未获得显赫声名，所开创的学说价值也没有得到社会的广泛认同，他在历史上显姓扬名得益于朱熹的大力宣扬。

周敦颐的《太极图说》和《通书》代表了他学术的最高成就，《通书》兼容《易传》《中庸》，是重新梳理的儒学体系。朱熹对《通书》一再校订、注解、研究、出版，并作为书院教材，其校订的"南康本"《通书》成为周敦颐著作的最初定本，对后世影响很大。

宋明理学由周敦颐开创，后由其弟子二程发扬光大，再由朱熹集大成，周敦颐在理学奠基者地位为历史所承认。由于周敦颐创立的理学与做人做事相结合，成为人人可以学习的榜样，成为人间理学，也成为官方和民间都能接受的意识形态。

周敦颐是湖南"千年湘学"的宗主，是第一个对中国传统文化产生重大影响的湖南人，而他所开创的理学，又在湖南得到了很好的传承和发展。最先把他的理学在湖南传承并创立湖湘学派的是胡安国和胡宏父子，在南岳创立了文定书院，之后张栻、朱熹、王船山对他的学说都有传承与发展。王船山之后又有陶澍、魏源、曾国藩、郭嵩焘、谭嗣同等人，可谓千年文脉不曾中断。

而理学的传承和发展最重要的平台就是如石鼓书院这样的由理学家们创立的书院。理学依附于书院而得以传播，就如同从前从事写作的人，终于找到了一张上等的羊皮纸，可以尽情抒发自己激情燃烧的思想。后世的读书人在书院里，沿着朱熹指引的道路，在周敦颐的思想中漫游，沉浸于幽暗之后的光辉之中，在困境中建立新的人格思想。

明朝李安仁诗云：

濂溪周公敦颐，古今称为绝学，其有声于石鼓，当不下唐宋诸儒。

对周敦颐在石鼓书院的贡献给予了高度评价。

明朝成化年间（1465—1487）衡州知府何珣督修石鼓书院，修三先生祠，祭祀韩愈、张栻、朱熹。然宋尤其是南宋以来，理学与书院教学融为一体，石鼓书院祭祀先贤中无理学鼻祖周敦颐，成为文人学士们的遗憾。1504年庞泮赴任广西左布政使路过衡阳，登临石鼓，观赏奇景，怀念周子，发出无限感叹，赋诗（节选）：

合江亭

[明] 庞泮

山水实清奇，人物自猗那。

磅礴地钟灵，宽爽气非懦。

千古挺人豪，濂溪盛名播。

光霁豁襟怀，膏腴饫穷饿。

道学振绝响，斯文共欣贺。

百世仰芬芳，吾人起哀惰。

何不主其神，列此书院座。

有美此贤堂，一洗群疑破。

兹亭即考亭，文星永弗涴。

濂溪即周敦颐，庞泮对周敦颐未能列入石鼓书院先贤之列以祭祀，感到万分遗憾。万物自有其运行的规律，当理学家们为周敦颐争取尊严和地位时，在向其致祭并歌唱时，实际上也是在为理学和理学教育争取权力和地位。

正因诸多文人贤士的呼吁，1587年前后，周敦颐入祀石鼓书院，原"三先生祠"易名"四贤祠"。时任衡州府同知的张存钜赋诗《暮春率诸生奉祀濂溪先生神位入祀石鼓书院，与昌黎、晦庵、南轩三先生同祠》：

> 元公倡道濂溪上，吟弄当年寄此方。
> 山斗声名传吏部，春秋俎豆共朱张。
> 襟怀风月依千载，道学渊源自一堂。
> 荐罢蘋蘩归去后，何如身在舞雩乡。

之后又在祠内增祀李宽、李士真、黄榦的神主位，易名七贤祠。

至此，七位对石鼓书院的建立以及文脉传承作出过重要贡献的先贤都已经介绍到了。

清朝任衡州府学训导的王家楹曾赋诗：

谒七贤祠

[清] 王家楹

> 山形如鼓砥回澜，绿树阴中旧讲坛。
> 异代德馨绵俎豆，千秋道脉溯朱韩。
> 春风时见披庭草，夜雨今犹长畹兰。
> 坠绪茫茫勤仰止，弦歌声绕暮烟寒。

石鼓七贤一直为石鼓书院诸生所供奉和祭祀。2006年重建石鼓书院时，在石鼓书院广场建有七位先贤的雕像。

石鼓七贤简介

何盛稀／摄

韩愈（768—824）

唐代著名文学家和思想家，唐宋八大家之首。805 年途经衡阳，作《合江亭》千古绝唱，使石鼓山得以扬名后世。

李宽（生卒不详）

唐元和年间，在石鼓山始创书院。衡州刺史吕温作诗《题寻真观李宽中秀才书院》。

李士真（生卒不详）

李宽后裔，997 年在李宽中秀才书院故址重建书院，定名为石鼓书院。后得到宋代皇帝赐额及学田。

周敦颐（1017—1073）

宋朝儒家理学思想的开山鼻祖，所提出的无极、太极、阴阳、五行、动静、主静、至诚、无欲、顺化等理学基本概念，为后世的理学家反复讨论和发挥，构成理学范畴体系中的重要内容。

朱熹（1130—1200）

南宋著名理学家、思想家、哲学家、教育家、诗人，闽学派的代表人物，儒学集大成者。1187 年作《石鼓书院记》，倡导以义理之学授徒，成为中国古代书院遵循的准则。

张栻（1133—1180）

南宋理学家，湖湘学派主要代表人物之一。讲学石鼓书院，使石鼓书院成为湖湘学派创立及传播的重要阵地。

黄榦（1152—1221）

少时从学朱熹，后成为其女婿，被朱熹视为道统继承人。其任湖南学事时，见石鼓书院经费拮据，奏请朝廷，购置学田，解决了石鼓书院经费问题。

湖湘文化开创、发展与传播重地

合江亭　刘倡利／摄

周敦颐开创理学，其思想由程颢、程颐继承和发扬，形成理学较为完整的理论体系。二程的学问又由他的再传弟子胡安国、胡寅、胡宏传播到湖南，胡氏父子在南岳创办文定书院，吸引了众多湖南才子前来求学，由此创立了湖湘学派。后经张栻继承更加成熟，他提倡"经世济民"，培养实用人才，扩大了湖湘学派在全国的影响。到了明末清初，衡阳人王船山总结了宋明以来的中国学术，开辟了中国近代思想史的新篇章，他以"六经责我开生面"，从"六经"孔孟，到程朱陆王，反本开新，使得儒学别开生面。由此湖湘文化成为中国哲学文化的重要支脉，最终在中国近代形成引导整个中国社会转型、思想转型的潮流，在危难中挽救了中华命运。

郭嵩焘言：

盖濂溪周子与吾夫子，相去七百载，屹立相望。揽道学之始终，亘湖湘而有光。

"周子"是周敦颐，"吾夫子"是王船山。两位与石鼓书院密切相关的湖南人，屹立在相隔700年的两座儒学理学的高峰上，撑起中国古代哲学的一片天空。

湖湘学派依托湖湘书院而创立、发展、光大，多时竟有数以千计的书院分布于湖湘大地，故有"天下书院半湖湘"之说。而石鼓书院与岳麓书院则是其中最著名的"双子星座"，共同承担湖湘文化开创、发展与传播重地的职责。

从周敦颐到胡氏父子，到张栻、朱熹，再到王船山，石鼓书院的学术传统和文脉继承是清晰的，继承和发扬的是正统的儒家文化，所谓"道南正脉"是也。

石鼓书院的文脉传承中还有后石鼓七贤，为湛若水、邹守益、程宏忠、祝咏、刘黻、刘稳、王万善，石鼓书院中也曾建有后七贤祠以祭祀。后石鼓七贤中两位代表人物湛若水和邹守益，对石鼓书院文脉传承也起到过非常重要的作用。

湛若水（1466—1560），字元明，号甘泉，官至南京礼部尚书，又转吏部、兵部尚书，明朝著名理学家，与当时的心学代表人物王阳明齐名。

湛若水曾师从陈献章。陈献章（1428—1500），人称"白沙先生"，明朝杰出的思想家、教育家、书法家、诗人。陈献章开明朝心学之先河，王阳明则是首度提出"心学"之名和宗旨在于"致良知"。湛若水虽拜陈献章为师，但在学术上另辟蹊径，自立门派。史料记载，湛若水是："平生笃志而力勤，无处不授徒，无日不讲学，从游者殆遍天下。"

刘伯骥在《广东书院制度沿革》中说：

自正德以后……倡发书院风气之最大功绩者，在岭北为王阳明，在岭南为湛若水。王阳明以良知之学，行江浙两广间，以是东南景附，书院顿盛。

湛若水与王阳明为自1504年相见，就成一世的知己。湛若水说："若水泛观四方，未曾见过这样的人物。"王阳明也说："我求友于天下，三十年来未曾见过这样的人物。"对湛若水的学术流派，王阳明给予高度评价，说："甘泉之学，务求自得者也。世未之能知，其知者，且疑其为禅。甘泉者，殆圣人之徒也。"当时放眼全国，唯湛若水的"甘泉学"可与王阳明的"心学"比肩齐名。学界用"王湛之学"统称阳明学派（王学）和甘泉学派（湛学），两派虽各立宗旨，却无门户之见，在学派林立的中国学术史上，是件值得称道的美谈。

湛若水先后 5 次来石鼓书院讲学，大概也是来石鼓书院讲学名家里年纪最大的学者。1556 年，已经 90 岁的湛若水最后一次来到石鼓书院，《清泉县志·人物卷》里记载他：

> 九十复游衡州，舟泊石鼓，题诗讲堂壁间，再登南岳，栖迟数月。庞眉皓首，颜若童稚，望之若仙人焉。

湛若水自作《石鼓书院讲堂题壁》曰：

> 衡云澜睡六十日，江南痛饮蒸湘头。
> 含情吊古无言说，石鼓无声江自流。

湛若水在南岳建有甘泉书院和白沙书院，以纪念老师陈献章。王阳明曾与湛若水相约游南岳，遗憾终未成行。比湛若水小 6 岁的王阳明却先逝 30 年。

王阳明虽然没有来过石鼓书院，但他的高足邹守益却是对石鼓书院有过很重要的影响。

邹守益（1491—1562），字谦之，号东廓，探花及第，官至南京国子监祭酒。因直谏被打了屁股罢了官，于是居乡讲学，从者甚众。他一生讲学简易明了，朴实无华，直指人心，是阳明先生最器重的弟子之一。

嘉靖年间，邹守益来到石鼓书院，登临合江亭，不由缅思曾来过的先贤，步韩愈《合江亭》之韵作诗：

步石鼓书院壁间文公韵

[明] 邹守益

宇宙一逆旅，驱车慎无左。

鸾凤乃脍炙，豺狼或笑唾。

卓矣卧龙翁，抱膝睨王佐。

向非鱼水欢，金玉岂易货。

督饷出三湘，云鸟时一过。

炎德虽未恢，忠贞讵肯挫。

后来予韩子，古调亦寡和。

赤帜排佛老，魏晋能几个。

山阳与海潮，百折甘坎坷。

廓清评武事，老罴当道卧。

南渡得朱张，绝学最上课。

元气天所培，伪禁理则那。

太极剖南山，贲育鼓郡懦。

譬彼百亩菑，闵闵动种播。

岂无来年积，拯此泽水饿。

艾齿始岳游，逢奇辄自贺。

怀古追千里，中道敢云惰。

邦君时虚席，群彦粲盈座。

九合器犹小，十驷梦已破。

稽首江汉诀，皓皓安可涴。

邹守益来到石鼓书院，想到东晋的庾阐曾驱车而来，写下脍炙人口的《观石鼓》；怀念诸葛亮曾在此"督饷出三湘"；韩愈来此写下千古绝唱《合江亭》；朱熹和张栻也曾来此地讲学；咏古叹今，既表达了对古代先贤的高度敬仰之心，又流露出追寻先贤们讲经论道的心愿，于是决定留在石鼓书院讲学。

邹守益讲学时解答疑难，往往能结合身边的事物，辨析深入浅出，语言形象生动，听者无不心悦诚服。他将与石鼓学子们讨论的内容整理成《语石鼓诸生二十五篇》，选其中一小段：

蒸湘之水交流左右，滔滔然昼夜不息也，其可以识性矣。诸生信人性之必善，如水性之必下乎？万古此天地，则万古此水，万古此人……又曰，鲧之治水也，壅之；禹之治水也，达之。其得其失，水无所庸其力也。学者之治水，欲壅则壅，欲达则达，得失之机在自己掌握中，而往往背禹而趋鲧，将谁执其咎？

邹守益在这里借环绕石鼓山的蒸湘二水，阐述人之性也如水性。又以大禹治水阐述治学的道理。

由于代表"甘泉学派"的湛若水以及代表"阳明心学"的邹守益的多次到来，石鼓书院成为"王湛之学"的重要传播平台。

时任衡州知府的蔡汝楠曾说"考亭（朱熹）、南轩（张栻）与今湛、邹二先生所尝过化"是造就"石鼓著名穹壤"的重要原因。将湛若水、邹守益与朱熹、张栻相提并论，足见其二人对石鼓书院影响之大。

除了前后石鼓七贤之外，历朝历代还有很多大儒来到石鼓书院讲学。如宋代的汪澈、戴溪、程珣；元代的黄勉斋、程敬

瞰临渺空阔，绿净不可唾　丁民／摄

蔡公辩论经典，抽寻疑义，引诱诸生多所开发。"

李初曾作诗：

陪蔡白石公讲堂作

[明] 李初

湘江岁月惜居诸，

春暮追随拜孔庐。

老我自惭读不得，

多劳营道口传子。

蔡汝楠所教弟子王大韶也有诗纪念老师：

石鼓讲堂怀蔡白石夫子

[明] 王大韶

当年元定此登台，

逐队青衿济济来。

尽日春风吹讲幄，

分更夜雨听鸣苔。

五经一解江河决，

万古群蒙天地开。

但看阶前双树绿，

居人犹意向时栽。

文化昌明的时代，许多官员都有着厚重的文化人格，他们对文化的尊重是十分真诚的。在漫长的为官过程中，他们始终让生命处于一种自励的奔驰状态，石鼓书院的生存与发展，要好好感谢蔡汝楠等这么一批重视教育和文化的官员。

明代书院发展兴盛，但已经没有宋代那样具有独立性，书院开始与科举相结合，其倡导者正是王阳明，他主张书院与科举考试"两无相碍"，互为表里。好在事物都有两面性，科举与书院的结合并不完全是相互矛盾的结局，其有利的一面是书院获得了更大的生存发展空间。虽然书院办学的自主权受到了科举的牵制，但奇怪的是学术的自由化发展并没有停止，出现了书院、科举、学术齐头并行的格局。这种奇特的文化现象使人相信，思想者的道路是在一往无前地扩展着。

石鼓书院在这种结合中成果颇丰。蔡汝楠主讲石鼓书院时，门生如群星璀璨，如曾朝节、王大韶、王万善、朱炳如、廖汝恒、欧希稷、彭良臣等，皆名噪一时。其中曾朝节聪慧勤学，深得蔡汝楠的赏识，后殿试一甲第三名及第，探花，曾任翰林院编修、国子监祭酒、礼部尚书。

曾朝节曾赋诗《郡大夫招饯石鼓联舟泛江乐甚赋此纪之》：

湘江张乐蔽中流，
何异神仙海上游。
诘旦驱车人万里，
清秋出祖郡诸侯。
东西雅奏骊驹曲，
上下光浮彩鹢舟。
旋取鲤鱼供佐酒，
夜深石鼓共登楼。

1552 年 8 月，石鼓学子们赴省城参加三年一次的乡试，李孟彰、王大韶、徐应南、彭良臣、谭汝赓、陶宾一共六人中举，称为"朱陵六凤"。蔡汝楠闻讯，心花怒放，欣然写诗咏之：

> 紫微秋晓五云开，
> 衡郡联翩六子来。
> 听讲旧筵希鼓瑟，
> 迎宾新燕共登台。
> 文星早见朱陵聚，
> 桂树何年赤帝栽。
> 三楚古来闻国士，
> 绛纱帷下更多才。

值得一提的是，这里"六凤"中的王大韶后来官至御史。他学识渊博，博古通今，曾任石鼓书院主讲，并两次编纂《石鼓书院志》。王大韶在所修《石鼓书院志》中动情地写到老师蔡汝楠："诸子中如王大韶，寸长片善，亦亟有取焉。涉笔至此，不觉泫然泣下。"可见师生情深。

明朝隆庆年间，衡州知府艾可久、通判罗贡和推官赵世卿也常结伴讲学于石鼓书院。每逢考试时不仅亲自临考，认真评阅，而且设置酒宴，以奖励优异学子。

清朝道光年间，衡州知府高人鉴对石鼓书院倾力培植，不仅亲临讲学、亲阅考卷，而且有过人的识人慧眼，赏识提拔了晚清"中兴四大名臣"之一的彭玉麟。

石鼓书院最后一位山长是人称"三湘名士"的曾熙。曾熙（1861—1930），衡阳人，晚清进士，大书画家。史料记载其"幼聪强，弱冠补诸生，博览娴艺文，复以工书称侪辈"。其在书画界名声显赫，与李瑞清有"南曾北李"之誉，与吴昌硕、李瑞清、黄宾虹并称"海上四妖"，与李瑞清、沈曾植、吴昌硕并称"民初四家"。张大千、谢彬、萧迁、马宗霍等皆出其门下。1900 年，曾熙护母回到衡阳，1901 年主讲石鼓书院。

曾熙曾撰书对联"修名千佛上，至味五经中"悬挂于石鼓书院内嘉会堂门上，有幸的是，这副对联由日本高僧常盘大定拍摄记录了下来。

常盘大定为日本近现代颇有声望的东方佛学家和古建筑专家，他来衡阳考察石鼓书院，留下了石鼓书院以及衡阳城的最早的十来帧照片，并在他撰写的《中国佛教史迹》（1923）一书中留下了他游历石鼓书院的文字。

石鼓书院历代名师荟萃，同时千百年来人才辈出。1172年，学子邓友龙、邓友龄、王居仁三人同中进士，成为一时的荣耀。明、清两朝，石鼓书院的学子中举登科者更是数不胜数。除上述所言曾朝节和"朱陵六凤"外，1880年，石鼓书院的诸生中谭鑫振、杨依斗、祝松云、陈鼎一共4人考中进士，其中谭鑫振殿试一甲第三名，探花。石鼓学子入仕人数也灿若群星，其中彭玉麟为湖湘文化的杰出代表，其独特的人格魅力至今为世人称道。

革命先驱夏明翰也曾就读于由石鼓书院改制而成的石鼓高等小学堂，为革命牺牲前曾写下：

> 砍头不要紧，只要主义真。
> 杀了夏明翰，还有后来人。

这首《就义诗》所表现出的爱国主义情怀、视死如归的战斗精神，以及湖南人特有的霸气和豪气，就是石鼓书院千年以来所坚持和弘扬的湖湘文化所体现的民族精神的最深刻的诠释。

在石鼓书院千年发展史上，儒家各大思想流派都曾来此交流碰撞，由此发展成为自由讲学、互相讨论、求同存异、开放兼容的"讲学式"教育新模式。这种新的教育模式就是书院精神中的质疑、问难、辩论之精神，所谓"自由之精神、独立之思考"。

从2000多年前的屈原，到1000多年前的周敦颐，再到300多年前的王船山，湖湘文化逐渐形成一个"经世致用"的哲学思想体系。尤其是王船山思想体系的形成，影响了湖湘几代人。当我们追溯这些历史时会惊讶地发现，这些人大多从湖湘大地各书院里走出。"心忧天下，敢为人先，百折不挠，兼容并蓄"的独特湖湘书院精神，培育了湖湘文化兴盛不衰，培养了一批又一批改变中国近代史的湖湘学子。

在石鼓书院千年历史中，可以看到湖湘文化清晰的起源和发展脉络。从理学大家周敦颐，到以张栻为代表的湖湘学派的形成，给湖湘文化留下了巨大的文化遗产。而到了明末清初王夫之的再度崛起，湖湘文化又一次达到了高峰，王夫之不仅是衡阳人，且与石鼓书院有着很深的渊源。石鼓书院见证了湖湘文化的演变和发展的全过程。

曾经生活在这片楚地的屈子说："路漫漫其修远兮，吾将上下而求索。"千年石鼓书院的这种不断探索的传道求新求变精神，对湖湘文化的演变和发展作出过重大贡献。

第三篇　石鼓书院诗词中的民族精神

石鼓山上的武侯祠

石鼓书院里的武侯祠正门图　宋璟轩／摄

古代书院除了藏书、教学之外，还有祭祀的功能。书院祭祀对象非神而是人，人是文化传播的主体。书院祭祀的是儒家先师先贤，不仅是纪念这个人，还要传承他的学问和精神。而祭祀的目的是让学子们在庄严的仪式中领悟先贤的思想，深化对儒家传统文化的感知，以达到提升道德修养的目的。

千年石鼓书院曾先后建有许多祭祀建筑，如武侯祠、先师燕居堂、先贤祠、二守祠、大成殿、七贤祠（含前七贤祠和后七贤祠）、李忠节公祠、陈公祠等，祀享的先贤可说是灿若星河。学子们进入书院，在一层一层的祭祀空间里肃然起敬，培养恭敬之心，传承着文化的血脉与民族精神。

在石鼓山上，未有书院时就有了武侯祠。武侯即三国时期的诸葛亮。805 年，韩愈的《合江亭》中就有：

惟昔经营初，邦君实王佐。剪林迁神祠，买地费家货。

这里所说的"神祠"就是武侯祠，由衡州刺史齐映所建。

787 年，齐映罢相外放衡州刺史，在衡阳的 4 年时间里，在石鼓山上修建了武侯祠。

齐映为什么要在石鼓山上建武侯祠呢？诸葛亮跟石鼓山有什么渊源呢？说到这段渊源就不得不说说衡阳的重要地理位置。

湖南处于中国的中南部，扼住了南方的十字路口。无论从东到西，还是从北到南，都要经过湖南。衡阳正好处在湖南的枢纽位置，历史上一直是南来北往西去的交通要冲，从古至今都是兵家必争之地。赤壁之战以后，刘备政权南征欲收复湖南四郡，委派诸葛亮亲自督战。南下督战的诸葛亮住在哪里呢？宋《祥符州县图经》记载："石鼓山据蒸湘之会，诸葛武侯故宅在焉。"诸葛亮就住在石鼓山。

万历《石鼓书院志·诸葛武侯祠》中记载：

> 侯以军师中郎将驻兵临蒸，以督零阳、桂阳、长沙三郡，调赋以充军实。州人慕其德，建祠祀之，年月漫不可考。然即昌黎韩愈及刺史蒋防碑刻观之，则祠当在唐时已建矣。

诸葛亮是最早来到石鼓山的有名可查的先贤，无疑为石鼓山增添了不少亮丽的色彩。

诸葛亮是千百年来文人士子们公认的真正的儒家，其

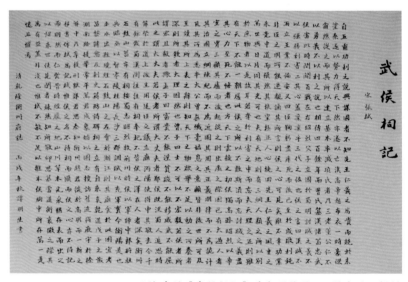

石鼓碑刻《武侯祠记》手书原件图　石鼓书院／提供

"忠""义"思想和精神，正是汉民族精神的重要体现。而武侯祠在书院建立后，得到了后世石鼓书院学子们的千年祭祀。

石鼓书院对武侯祠的重视，与张栻所作的《武侯祠记》不无关联。张栻对石鼓书院的学术思想传统的建立和传承，毫无疑问是起到了非常重要的作用。从《武侯祠记》中也可以探寻张栻所倡导的核心思想精神。

> [汉]相传四百馀年，而曹氏篡汉。诸葛忠武侯当此时，而间关百战，左右昭烈父子，立国于蜀，明讨贼之义，不以强弱利害二其心，盖凛凛乎三代之佐也。侯之言曰："汉贼不两立，王业不偏安。"又曰："臣鞠躬尽瘁，死而后已，至于成败利钝，非臣之明所能逆睹。"诵其所言，则侯之心可见矣。虽不幸功业未竟，中道而殒，然其扶皇极，正人心，挽回先王仁义之风，垂之万世，与日月同其光可也。

从这段我们也可以看出，张栻所弘扬的是诸葛亮明知不可为，却六出祁山，"尽其心力，至死不悔"的精神。文中张栻赞叹道：

> 曾子曰：士不可以不弘毅。若侯者，所谓弘且毅者欤！孟子曰：富贵不能淫，贫贱不能移，威武不能屈，此之谓大丈夫。若侯者，所谓大丈夫者耶！

张栻认为诸葛亮既是弘毅者，也是大丈夫也。此时张栻距三国已有千年，结尾部分不由感叹道：

> 然而仁贤昔时经履之地，山川草木，光彩犹存，表而出之，以诏来世，使见闻者竦然知所敬仰思慕，当道术衰微之

际，其为有益盖非浅也。惟栻不敏，不足以推武侯胸中所存万一，是愧且惧焉。

张栻所处南宋，汉人政权只保有半壁江山，收复中原是所有有志士人学子的心愿。张栻父亲张浚曾任南宋两朝宰相，是南宋著名的主战派领袖。受父亲的影响，张栻追求正统，恢复宋朝以前的疆域，一直是他的理想。由此，作为"忠""义""正"象征的诸葛亮，自然在他心目中成了中兴宋朝的寄托，对其祭祀代表着张栻所倡导的湖湘文化的传承及学术宗旨。湖湘学派与其他理学的流传脉络所不同的是"经世致用"，湖湘的学者们不仅仅是将做学问学术研究和实践结合起来，并且对于家国总是怀有一种非常强烈而热情的济世情怀。

明朝诗人管大勋督学湖南时曾作《石鼓书院怀南轩先生》，明确指出，石鼓书院对诸葛武侯的祭祀以及精神的传承与张栻有直接关联。

石鼓书院怀南轩先生

[明] 管大勋

人心皆孔颜，湛寂元无滓。

利义分毫芒，谁能晰其旨。

缅仰怀先民，早岁悟至理。

卓卓超高明，仡仡事践履。

承家愿不违，许国死后已。

所以宋诸儒，雅推南轩氏。

足迹遍潭蒸，师友契兰芷。

胜游霁岳云，涉趣咏沂水。

试读武侯碑，令人空仰止。

管大勋曾多次来到石鼓山，怀古思情，也曾写下怀念诸葛亮的诗篇。

石鼓书院怀诸葛武侯

[明] 管大勋

绝代有卧龙，长啸南阳曲。

生丁炎运微，群雄纷角逐。

三顾识帝胄，欢如鱼水逐。

督饷镇蒸湘，经略始南服。

分荆削吴魏，兴刘定巴蜀。

义旗飐祁山，贼臣胆先戮。

伤哉伊吕俦，王业竟鼎足。

两表出师心，千古仰芳躅。

明末清初的郭凤跰，曾受业于王船山先生的父亲王朝聘，并于 1642 年参加乡试，与王船山一起中举，也算是船山先生的同学了。明朝灭亡后，他隐居乡野，佯狂吟啸，或歌或泣，悲愤而死。他曾作《诸葛武侯祠》，作为明代的遗民，心中的那种悲苦和无奈，只能寄情于对先贤的景仰：

诸葛武侯祠

[明末清初] 郭凤跰

徐步城西路，人传诸葛营。

冈厘存旧垒，岁月祷新粳。

开济劳王事，天威试远征。

槃瓠今遗种，心折汉丞名。

清嘉庆时曾就学于石鼓书院的周学濂曾赋诗：

石鼓山谒武侯祠

[清] 周学濂

阌宫仿佛锦城游，碧草黄鹂春事幽。

此地祷祠同沔上，当年转饷比酂侯。

皇图毕竟终西土，湘水于今向北流。

太息三分何处是？宗臣俎豆自千秋。

武侯祠与书院命运一样，千年以来屡建屡废、屡废屡建。2006年重修石鼓书院时也重修了武侯祠，门上楹联是清代衡阳知县范鹤年的撰联：

心远地自偏，问草庐是耶非耶，此处想见当日；

江流石不转，睹秋水来者逝者，伊人宛在中央。

范鹤年（1753—约1805），山西洪洞人，进士出身，乃一代才子，戏曲作家，所撰《桃花影传奇》现存于世。他多年知县，然两袖清风，晚年困顿，死后其家人无力将其葬回家乡，只能将其棺椁暂寄寺庙之中。直到30多年后，布政使王藻怜之，将其安葬于衡阳郊外。

清代李舒锦感叹之：

才子遭逢际堪屯，衡阳古道自黄昏。

可怜一片多情月，长向青山照断魂。

范鹤年共任衡阳知县十一年，1804年三莅衡阳县令，次年罢官，忧惧而死。此时的他，人生的浪漫感已消失，生命由盛转衰，希望和阳光被挫折和疾病取代，伴随生命存在的是一种困惑、孤独和危机，然而渺小的生命在大雪朔风到来之前的无奈，所隐含的悲剧力量也是惊心动魄的。

江山是主人是客，唯有精神永长存。这就是书院祭祀所具有的人格教育与传统教育的功能所在，感知先贤先儒的人格魅力，感召成圣成贤之志。

武侯祠　周雪徕 / 摄

李忠节公祠　周雪徕／摄

石鼓书院的李忠节公祠

石鼓书院里的李忠节公祠正门图　周雪徕／摄

古代书院与现在的大学所不同的是其社会性，大多书院是民办，也有官助民办。石鼓书院在初创之时是私学，宋代有段时间是州学，其后大多时期是官助民办。社会性的书院除了教育诸学子之外，同时也承担教化社会民众的作用。所以，在书院中祭祀的先贤，除了教育先师外，同时也有这座城市人民所需要共同纪念的先贤，需要共同传承的精神。石鼓书院所祭祀的是一群"为天地立心，为生民立命，为往圣继绝学，为万世开太平"的以天下为己任的湖湘文化的先师先贤，弘扬的是一腔热血、忠心报国的中华民族精神。

2006年重修石鼓书院时，在武侯祠的右边并排建造的是祭祀南宋抗元名臣李芾（？—1276）的李忠节公祠。李芾的高祖父李升，进士出身，为官清廉，靖康之变中，李升顽强抵抗，被金人所杀，于是李芾的曾祖父李椿举家南迁到了衡阳，到李芾这代在衡阳已经有100余年。李芾出生于衡阳，自幼深受祖风熏陶。他生性聪颖，从小立有报国大志，并为自己的书斋取名"无暴弃"。南宋理学家魏了翁见之有祖风，为其改为"肯斋"。

李芾为官刚正不阿、不畏强暴权贵，在官场上几经沉浮。李芾精力过人，尽忠职守，常常是早上办公到夜晚而无倦意。夜里三更天才去休息，五更天又起来公务。

《宋史》评价其：

为人刚介，不畏强御，临事精敏，奸猾不能欺……望之凛然犹神明，而好贤礼士……平生居官廉，及摈斥，家无余赀。

1273年，蒙古大军大举南下，势如破竹。在元军"屠城令"的威慑下，沿途州县纷纷望风而降。元军顺汉水长驱东下，强渡长江，南下直逼湖南。1275年3月，元军攻下岳州。4月江陵沦陷，常德、鼎州、澧州出降。随即，元军继续南下围攻潭州（今长沙）。国家危难之时，被罢官在家的李芾被朝廷重新起用，任潭州知府兼湖南安抚使。朋友们都劝李芾不要去任命，可李芾说："第以世受国恩，虽废弃中犹思所以报者，今幸用我，我以家许国矣。"朋友们闻之无不感动涕零。

赴任前，李芾的一个女儿不幸病死，他强忍心中悲痛，毅然前往，携家眷从衡阳抵达潭州城。到达潭州，他也知潭州守不住，于是含泪遣送幼子裕孙携族谱出城，说："保存汝以祭祀。"而他自己和其他家人则做好了与城共存亡的决心。

李芾7月赶到潭州后，紧急招募了3000人，又亲自劝说当地的一些有名望的大族乡绅一起守城。9月，元朝右丞相阿里海牙率领数万元军将潭州城围了个水泄不通。李芾冒着箭矢登上城楼亲自督战，率领军民苦守3个多月。无奈寡不敌众，南宋大势已去，3个多月中无宋军前来救援，城中弹尽粮绝。《宋史》中描述"死伤相藉，人犹饮血乘城殊死战"。

除夕之夜，元军士兵蜂拥而至，附墙登上了潭州城门。李芾的幕僚尹谷得知城已破，说："吾以寒儒受国恩，典方州，谊不可屈，若辈必当从吾已耳。"于是全家人坐在一起举火自焚。李芾闻讯赶到，以酒祭奠，感叹道："尹务实，真男子也，先我就义矣！"尹谷号务实，曾任衡州知州。

当晚，李芾亲自书写"尽忠"作为号令。并召来部下沈忠，对他说："吾力竭，分当死，吾家人亦不可辱于俘，汝尽杀之，而后杀我。"沈忠伏地叩头痛哭，喋血满地，说万万不可。李芾毅然决绝命令他执行，沈忠只好哭着答应。于是李芾命家人取酒过来，叫全家19口人都喝醉，令沈忠一一杀死。之后，沈忠放火烧毁了李芾官衙熊湘阁，成全了李芾"我以家许国矣"的天地承诺。

沈忠杀死了李芾全家后，回家杀死了自己的妻子和两个儿子，又返回到熊湘阁自杀身亡。李芾的许多幕僚也都举家自尽，长沙城里许多百姓听说李芾壮烈而死，也都效仿而行。据记载，当时长沙城内无虚井，缢死林木者相望，长沙军民在抗元斗争中演出了极悲壮的一幕。

李芾抗元虽以失败告终，但其精神和气节唤醒了湖南人的血性，激励一代又一代湖湘子弟，用生命捍卫自己的信仰，用大无畏的牺牲精神救国家民族于危难之际。元军之后的南下战斗中，再未遇到如此激烈的抵抗。李芾死后，南宋朝廷赠李芾端明殿大学士，谥号"忠节"。

值得一提的是，此时在潭州城外岳麓书院的山长就是前面所说的尹谷。尹谷入城抗敌时，劝说书院学生逃离，他动情地说："斯文不绝，则华夏不亡。望诸君能传一盏灯，延续华夏文脉，以待再次光大。"然后与学生作别。无奈学生们并未离开，而是跟随老师进城抗敌。潭州城破之日，岳麓书院全体师生和元兵殊死搏斗，几乎全部慷慨就义。与北宋灭亡时所有太学生投降所不同的是，湖湘学子们以自己的血肉之躯证明了湖湘文化的血气和担当精神。

李芾死后一年，南宋著名诗人、画家郑思肖作诗追念：

咏制置李公芾

[南宋] 郑思肖

举家自杀尽忠臣，仰面青天哭断云。

听得北人歌里唱，潭州城是铁州城！

1329 年，衡阳人在李芾的故居旁边兴建了李忠节公祠，并以沈忠、穆演祖配祀。穆演祖曾任衡阳尉，1271 年曾击退元军，保全衡阳。李芾对他很是赏识，升其为衡阳知县。李忠节公祠后移祠石鼓书院，与武侯祠并列。

1373 年，明朝初年著名诗人和画家杨基路过衡阳，祭拜李忠节公祠后，回到船中仍悲痛不已，作七律诗悼念：

哭李太守芾

[明] 杨基

丁卯科中第一人，誓将孤壁障妖尘。

百年事业归儒者，万里江山泣老臣。

肝胆当时肇余阙，英灵此日配张巡。

我来竟就船头拜，一盏寒泉荐绿苹。

明朝成化年间监察御史薛纲，官至云南布政使、广东按察使，路过衡阳拜祭李芾，作诗：

吊李忠节公祠

[明] 薛纲

慷慨杀身随处有，潭州惨烈更谁同。

千金首共孤城碎，数口家随巨焰空。

从死一时皆义士，败降诸郡尽夷风。

古今多少英雄泪，半哭明公半沈忠。

南宋末年，文人武士多以身殉国，不由令人唏嘘。一部南宋史，一把辛酸泪。

宋代是知识分子最受重视的朝代，其人格思想、道德情操贯穿于社会行为之中，自觉意识空前崛起，知识分子的使命感达到高山仰止的高度，爱国成了知识分子的一种实际行动。

李忠节公祠上的楹联由清朝中兴名臣彭玉麟所题：

义烈炳潭州，千秋英名垂竹帛；

崇祠仍故宅，一龛清供有梅花。

文天祥咏《合江亭》二首

文天祥画像

在李芾北上潭州（长沙）抗元的前两年，1273年，石鼓山上来了一位状元中的状元郎，写下《合江亭》二首。他就是文天祥，时任湖南提刑。

文天祥（1236—1283），著名民族英雄，所写《过零丁洋》："人生自古谁无死，留取丹心照汗青。"情调高亢，气势磅礴，激励了后世众多为理想而奋斗的仁人志士。

文天祥多次来到石鼓山，登临合江亭，并作《合江亭》二首。

合江亭

[南宋] 文天祥

其一

天上名鸰尾，人间说虎头。

春风千万岫，合水两三洲。

客晚惊黄叶，官闲笑白鸥。

双江日东下，我欲赋扁舟。

其二

西楚惊鸿晚，东淮落木秋。

蒸湘今石鼓，句宛古宣州。

白日聊清赏，青山总旧游。

不知沧海水，何处接天流。

我们常说唐诗宋词，但宋代文人并不这么认为，宋代也有非常多的好诗。文天祥21岁就中了状元，写诗那是一流的水平。诗中文天祥把石鼓山比作天上第一星宿，人间最好面相，赞叹为天下第一美景，同时也表达了自己对时局的担忧和生命理想。而对"日东下"的南宋朝廷不可挽转的败亡局势，作为高级官员的文天祥说"我欲赋扁舟"。李白有诗云："人生在世不称意，明朝散发弄扁舟。"如果不能实现自己的抱负和理想，不如披散了头发，乘一叶扁舟，去云游四海罢了。文天祥面对蒸湘宽阔的"沧海水"，感到前途渺茫遥远，表达出"何处接天流"的深深无奈和失望，引发出意归隐的感慨。

中国的隐士大多是在不堪或不畅的激愤中归隐。一旦归隐，心绪便渐趋宁静，如陶渊明、王维等或隐于田园，或隐于山林，或隐于江湖，各自消受一份空寂娴静之趣、孤独冷漠之乐，也能自达天人合一的境界。

石鼓山北、西两面存有30余处历代文人题刻的摩崖石刻，此为其一　佳佳／摄

文天祥散发弄扁舟去了吗？没有！他在诗歌中的孤寂、闲淡只是暂时的，是对时局社会政治由失望到忧怀的结果，而面对即将到来的国破家亡，他依然会挺身而出，去实践"内圣外王"的理想。虽然在他20多年的官宦生涯中壮怀激烈而又霉运连连，壮志难酬而又国破无依，但他依然能保持尽忠尽职的爱国赤诚。南宋被元灭亡的危亡之际，他散尽家财，招募士卒，抗击元军。在与元军作战中，他是真正冲锋陷阵，跃马横刀，无奈此时南宋大势已去，1278年12月文天祥在海丰被元军俘虏。

1279年正月，元兵围剿厓山孤岛，陆秀夫背着小皇帝自尽跳海，10万军民集体殉国，南宋灭亡。目睹了这一惨景的文天祥依然忠心于南宋，于是在北京又被囚禁了3年。

此时文天祥的母亲和唯一的儿子已经病逝，妻子和两个女儿被俘在元朝宫中为奴，过着囚徒般的生活。女儿柳娘给文天祥写信求救，文天祥收信后，肝肠寸断，给女儿回信道：

> 收柳女信，痛割肠胃。人谁无妻儿骨肉之情？但今日事到这里，于义当死，乃是命也。奈何？奈何！……可令柳、环女做好人，爹爹管不得。泪下哽咽。

文天祥在狱中写下传诵千古的《正气歌》：

> 天地有正气，杂然赋流形。
> 下则为河岳，上则为日星。
> 于人曰浩然，沛乎塞苍冥。

回顾自己以身许国的坎坷经历与身处囹圄的现实命运，文天祥在诗尾明确表示：

哲人日已远，典刑在夙昔。

风檐展书读，故道照颜色。

元朝的皇帝忽必烈对文天祥只有两个字"敬重"，虽然多次让人劝降，但文天祥终不为所动。忽必烈曾问群臣，北方和南方的宰相里哪个最贤能？大臣们多数认为：北方宰相中没有人能超过耶律楚材，而南方的宰相中没有人能超过文天祥。忽必烈惜其才能，亲自召见。文天祥面对强势的元朝皇帝，没有跪拜，只是作了个长揖。

忽必烈说："如果你能像侍奉南宋朝廷一样侍奉我，就让你当丞相。"文天祥拒绝了。忽必烈又说："你不想当丞相就当枢密使吧。"文天祥也拒绝了。忽必烈问他："你有什么愿望？"文天祥说："我是大宋状元宰相，宋亡，只能死，不当活！"忽必烈还是不忍心，急忙挥手让他退去。有人建议答应文天祥的要求，忽必烈这才同意。到第二天忽必烈就后悔了，急忙下诏阻止，但这时文天祥已经遇害身亡。

文天祥 21 岁做了状元，40 岁做了宰相，47 岁从容就义。就义之前，文天祥问周围的人："哪边是南面？"周围的人就告诉他。文天祥然后面南而跪，跪拜了自己心目中的祖国南方之后，端坐受刑。他没有高喊万岁，而是小嘘一声："我报国至此了！"文天祥死后，他的妻子欧阳夫人从他的衣带中发现了他的绝笔《赞》：

孔曰成仁，孟曰取义，惟其义尽，所以仁至。读圣贤书，所学何事？而今而后，庶几无愧！宋丞相文天祥绝笔。

为民族正义而死，不愧于心，这是文天祥所追求的民族精神境界。

为国而生，为国而死，对于宋代知识分子来说不只是人生理想，更是实际行动。一些不朽的爱国者登上书院的讲坛，如张栻、朱熹；另一些不朽的爱国者从书院走向社会，如文天祥、李芾、尹谷。尤其文天祥"是宋代这种人格典范的最后代表"（历史学家虞云国语）。

我们去看南宋的历史，不是只写到崖山之战的 1279 年，而是会一直写到文天祥就义的 1283 年。这一年距离文天祥在衡阳写下《合江亭》的时间正好整整 10 年。而石鼓书院因文天祥的到来，又多了一份沉甸甸的精神财富。

回想 1255 年，20 岁的文天祥来到了白鹭洲书院，师从江万里。江万里（1198—1275），南宋末年民族英雄，政治家，教育家。他从政 45 年，创有白鹭洲书院、宗濂书院、道源书院。创办白鹭洲书院时，他白天政务繁忙，晚上驾舟渡江给学生们讲课。他晚年回忆道："平生士气之乐，唯鹭洲一事。"文天祥评价老师："都范（范仲淹）、马（司马光）之望于一身。"20年后，南宋灭亡之际，江万里说："大势不可支，余虽不在位，当与国家共存亡。"言毕，偕家人 17 口从容投水。

江万里死后，文天祥在祭文中将老师比喻为屈原殉国：

> 星拆台衡地，斯文去矣休。
> 湖光与天远，屈注沧江流。

正是有江万里这样的老师，才教育培养了文天祥的浩然正气。如果说文天祥所作的《正气歌》是中华民族精神的参天大树，那么千年来书院里无数的如江万里的教师们的行为师范与诲人不倦的默默耕耘，就是《正气歌》的真正根脉。正因为有了这个根脉，中华民族才能有层出不穷的文天祥，这种民族精神的传承在书院千年历史中不断发扬光大。

王船山与石鼓书院

王船山画像

王船山（1619—1692），名夫之，字而农，号姜斋，地道的衡阳人，因晚年隐居于衡阳县洪市镇石船山附近的湘西草堂，被世人尊称为"船山先生"，是中国历史上学识最渊博、哲学慧识最卓越且民族气节最坚贞的学者之一。

王船山4岁开始跟随长兄王介之启蒙，7岁读完了十三经，10岁时父亲教他经义，14岁考中秀才，23岁在武昌参加科举乡试，考中春秋科第一名，与兄长王介之同时中举。就在王家兄弟春风得意要大展宏图之时，明王朝已是狼烟四起。1644年，清兵入关，明朝覆灭。1648年，王船山在南岳聚集义兵起义，并亲自参加战斗，终因寡不敌众惨遭失败。后投奔南明永历小朝廷，又因坚守正义而受到排挤和打压，险遭不测，于是只得返回衡阳。在兵荒马乱的归途中，险象迭出，九死一生。他好不容易回到衡阳，又受到多种政治势力的追捕和通缉，过着居无定所、辗转迁徙、朝不保夕的艰辛流亡生活。

国破又家亡，王船山在此期间经历了结发妻子陶氏、长子勿药，以及父母、叔侄等多人相继离世。1654年，跟随王船山多年的侄儿王敉又遭乱兵杀害，更使其万箭攒心。眼见亲人一个又一个地死去，而他自己犹如文天祥诗言：

山河破碎风飘絮，身世浮沉雨打萍。

悲愤之下，王船山仿效辛弃疾《摸鱼儿》的体裁作《潇湘小八景词》，即衡阳八景：雁峰烟雨，石鼓江山，东洲桃浪，西湖荷花，花岳春溪，岳亭雪岭，朱陵仙洞，青草渔灯。其中石鼓江山和朱陵仙洞都在石鼓书院内，而青草渔灯则在石鼓书院边的蒸水旁。

摸鱼儿·石鼓江山

[明末清初] 王夫之

瞰蒸湘曲影双清，流下洞庭秋远。危崖突兀玉峰寒，界破

源远流长——早霞中的石鼓书院　费明球 / 摄

苍流一线。谁许见，只鲛宫金绳夜拥鱼龙怨。画船歌扇。对笑水江花，窥楼晕月，惹尽流霞片。

行乐地，记取韶光迅转，画阑彩笔题遍。云杳潇湘千顷碧，瞥眼武陵溪畔。君莫羡，君不见渔阳挝断霓裳宴。沧桑已变。想眉黛娇青，眼波凝绿，不是旧时面。

王船山生于衡阳长于衡阳。出生于衡阳城内回雁峰下的王衙坪，距离石鼓书院非常近，少儿时不知多少次登临石鼓山，青年时又不知多少次来到石鼓书院与师生们切磋学问，讨论时事。颠沛流离中的王船山对衡阳城中最深刻的记忆大概就是站在石鼓山上，望着三江合流的宽阔江面，想起当年一览江山、君临天下的气势与豪迈，于是不由得在词的开头就发出"瞰蒸湘曲影双清"的悠悠长叹。

时至秋日，天高云淡，江水奔向洞庭。中国境内的河流大多是一江春水向东流，而唯独湘江北去，这大概也是造成湖南人豪气霸蛮的个性原因之一吧。接下来，王船山以澎湃之情吟出"危崖突兀玉峰寒，界破苍流一线"的气势与危象。一句"玉峰寒"，看似写山峰的颜色和感受，实则为彻骨的寒意，周身之冰霜。眼看山峰插破苍天，划断江水，谁又能看出其中的深远？"只鲛宫金绳夜拥鱼龙怨。""鲛宫""金绳""鱼龙"，一连三个典故点出水神宫殿里龙和鱼都在发出幽怨之声，这是亡国之臣的无奈和痛心。随后笔锋一转："画船歌扇。对笑水江花，窥楼晕月，惹尽流霞片。"这原本是一幅多美的人世江山图啊，一个"惹"字，写尽了流霞的丰富、跳跃、快乐与参与感。

词的下阕在点明题旨后笔锋又一转，感慨道：石鼓江山一直是衡阳美景，只是这种韶光迅速地流转，美好都成了记忆，美景只留在文人的诗画之中。看，千顷的碧色，如陶渊明所描写的武陵溪畔的桃花源，但这一切的美好不要去羡慕，"君不见渔阳挝断霓裳宴"。白居易的《长恨歌》中有言："渔阳鼙鼓动地来，惊破霓裳羽衣曲。"安禄山之乱，打破了唐玄宗与杨贵妃的歌舞升平。而此时清军入关，明朝灭亡，世界已变。"想眉黛娇青，眼波凝绿，不是旧时面。"这句很容易让人联想李后主的"雕栏玉砌应犹在，只是朱颜改"。这是一个大时代衰落时期的巨大伤痛，江山依旧，人事全非。

摸鱼儿·朱陵仙洞
[明末清初] 王夫之

向苍崖笛声吹裂，斜阳一片危岸。江流北泻雁南征，洞里春光无算。是灿烂，都应是云中剑舞珠光按。花蹊棋馆。留满地苍苔，数峰烟树，掷与人间看。

仙户启，石乳倒垂银蒜，空山翠杳天半。百花桥阻玉壶远，谁倩鸳鸯低唤。君莫欢，君不见彤云故锁三山断。罡风吹散。想华表鹤归，天台人返，怕见人民换。

面对苍翠的崖壁，远处笛声把江山吹破，斜阳照射危岸，湘江北去，大雁南归，朱陵洞内灿烂的春光让人感受到如同在云中仙境。舞剑看向人间，花中小路，聚众棋馆，满地青翠苔原，还有那如烟如雾的树峰。上阕作者抓住一个"仙"字，描绘朱陵洞内天上人间的美景。中国的知识分子在挫折中用山水来抚慰自己的心灵，并从这种移情当中得到释放，这种从山水中得到的愉悦几乎有一种成道成仙的感觉。

如果说作者的情绪在上阕里还是隐含的，那么在下阕则用议论的办法亮明观点，直抒胸臆。仙户的大门已经开启，仙洞里的石乳好像白色的蒜头倒挂。从洞内往外看只有半边天空，天地和世界被割裂了，破碎了，这是实写。接下虚写，"百花桥阻玉壶远，谁倩鸳鸯低唤"。有"玉壶"又有"鸳鸯"，本来是件很高兴的事，但作者笔锋一转，你不要叹息，你看那红色的云把山全部阻断，怕的是强风吹散后，华表随鹤而去，天台人进山返回时已换了人间。华表是中华民族的图腾，民族的象征，暗含担心汉民族历史文化的中断。

在这两首词中，王船山把反清复明之志，寓于山水之景的轻描淡写之中，寄托了孤臣遗老对明朝亡国的无限哀思、愤慨之情。情和景是一个事物的两个方面，情即是景，景即是情。王船山自己说："含情而能达，会景而生心，体物而得神，则自有灵通之句，参化工之妙。"他又说："得景得句，乃为朝气，乃为神笔，景尽意止，意尽言息，必不强括狂搜，舍有而寻无。"

1671年，53岁的王船山再写《潇湘十景词》，将"石鼓危崖"列为衡阳第一景，此时的石鼓书院已经得到重建，可以想象得到王船山对石鼓书院及学子们的深切希望和寄托。

蝶恋花·石鼓危崖

[明末清初] 王夫之

蒸水东流湘水北，一曲沧浪，映带青山色。旧是朱陵仙洞客，鹤归不向乌衣国。

江树迷离潭影侧，画槛筠帘，梦断春消息。击鼓冯夷寻未得，馋龙怪舞云生墨。

《潇湘十景词》创作于《潇湘小八景词》的16年后，此组词依然是"寄情于畔岸耶"。序中写道："吟际习为哀响，不能作和媚之音。"留下来的船山先生的词比诗多，也许正是这种词曲的活泼跳跃、长短不拘、起伏不定，正好表达一个大思想家的心律。

近代学者朱孝臧评论王船山的诗词：

蒸、湘二水，一清一浊，合而汇流　　刘罡／摄

苍梧恨，竹泪已平沈。万古湘灵闻乐地，云山韶濩入凄音，字字楚骚心。

龙榆生在《近三百年名家词选》中说王船山的诗词是：

真屈子《离骚》之嗣响也。

王船山谢世前两年，湖南巡抚郑端曾委托衡阳郡守前往家中探望。此时的王船山疾病缠身，生活窘迫，连著述写作用的纸笔都需朋友周济。面对清朝高官的拜访，这位穷困潦倒的大学者既不见客，也不接受馈赠。为表决心，王船山还写下一副对联："清风有意难留我，明月无心自照人。"不仅透露出船山先生内心深处对大明王朝的留恋，更重要的是展现了中国知识分子正直的风骨。这副对联现悬挂于湘西草堂，由当代书法家欧伯达书写。

在对明王朝拯救无望之下，王船山返身回归传统文化之中，试图通过对文化的继承与发扬，作为长久拯救方略。虽颠沛流离，他却笔耕不辍，带着满腔热情全面梳理传统经典和历代得失，写下了《读通鉴论》《宋论》《周易外传》《周易内传》《黄书》《尚书引义》《永历实录》《春秋世论》《噩梦》等著作，涉及哲学、政治、伦理、历史、文学、语言、教育等领域，且在每一领域都卓绝精妙。他总结了宋明以来的中国学术，并开辟了中国近代思想史的新篇章，是一位"立乎其大着眼于远"的百科全书式思想家。

王船山在"六经"中对《周易》尤为重视，几十年研读、思考《周易》，提出"趋时更化"，强调"经世致用"，主张"知而不行犹无知也"，提倡学以致用的务实精神，肯定行动对于认识的反作用，他带有唯物和辩证倾向的思想成为中国近代思想的先驱。从王船山开始，湖湘思想开始近代化，这是一个重要的历史性转折点，由此将湖湘思想和湖湘实学推向新的高峰，并引领了整个中国社会思潮的转型。

王船山为中国近代哲学开辟了一条新航道，同时他的民族气节和民族思想给正在转型中的中华民族以强大的思想武器，他所强调的民族大义犹如黑夜里的火把，在国家民族危难之时，照亮了无数仁人志士前行的道路，为他们的人生指明了前进的目标。也正是因为有船山先生这样的湖湘文化高峰，这样的民族精神领袖，才从湖湘大地上走出了一代代优秀儿女。

曾国藩说王船山：

寸衷之所执，万夫非之而不可动，三光晦、五岳震而不可夺。

船山先生所坚持的正义，无论多少人反对都会坚持不会动摇。也正是因为他的这种坚定信念，又因为他的反清复明主张，

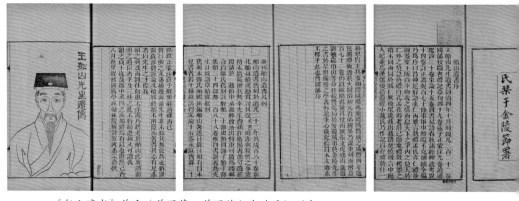

《船山遗书》曾氏（曾国藩、曾国荃）金陵重汇刊本

使得他的思想在 200 多年的时间里不为世人所了解，直到一个人的出现，这个人就是曾国藩。

曾国藩（1811—1872），湘军统帅、晚清"中兴名臣"。年轻时的曾国藩曾求学衡阳，他的老师汪觉庵以船山之学教授弟子，使他受益匪浅，终生念念不忘。1865 年，在与太平军进行最艰苦的作战时，他与弟弟曾国荃书信来往讨论的是如何把收集起来的船山著作刊刻成书。曾氏兄弟在全面出版船山著作的同时，大力宣传船山先生所具有的那种湖南人的"特别独立之根性"。

曾国藩在《王船山遗书序》中说：

> 圣清大定，访求隐逸。鸿博之士，次第登进。虽顾亭林（炎武）、李二曲辈之艰贞，征聘尚不绝于庐。独先生深闷固藏，邈焉无与。

曾国藩认为顾炎武为《国史儒林传》之首，尤征聘"不绝于庐"，而船山先生却"深闷固藏，邈焉无与"，这正是湖南

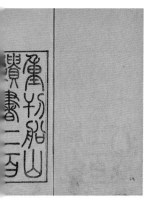

人的"特别独立之根性"的鲜明体现。

朱孔彰在《曾祠百韵》中，写曾氏兄弟排除万难而刊刻船山之书的原因是：

欲将节义风天下，先刻船山百卷书。

曾国藩亲自参与校阅《船山遗书》，他在《王船山遗书序》中写道：

国藩校阅者，《礼记章句》四十九卷，《张子正蒙注》九卷，《读通鉴论》三十卷，《宋论》十五卷，《四书》《易》《诗》《春秋》诸经稗疏考异十四卷，订正讹脱百七十余事。

曾国藩校阅累计117卷，高达全书三分之一有多。作为湘军最高统帅的曾国藩，在与太平军的战争已经进入决战阶段时，还能在战争间隙如此认真校阅这么多的船山著作，可以说是对船山思想的高度重视和对刊刻工作的极端认真，以追求尽善尽美。

1866年，雕刻精良、校勘精致的金陵本《船山遗书》刊印完成，这是船山逝世后出版的第一部带全集性的，影响最大的著作汇编，在相当长时间里成为流传最广的船山著作，使"阒寂二百年的船山学倡行天下，成为风行中国一大显学"，由此船山思想终于进入了主流视野。也正是在金陵本《船山遗书》刊出10年后，郭嵩焘第一次正式向朝廷奏请将王船山从祀文庙。

郭嵩焘（1818—1891），湖南湘阴人，中国第一位驻外公使，也是天天读王船山的书。1876年郭嵩焘上奏清廷，提请将王船山从祀孔庙。30多年后的1908年，王船山与同时代的顾炎武、黄宗羲这三位明朝遗民最终被获准入祀孔庙两庑。

谭嗣同是在曾国藩、郭嵩焘所掀起的研读船山学术风潮中成长起来的新一代湖湘士人，深受船山思想的影响。令人惊讶的是，200多年前的船山思想到了他这里，转化成了近代思想，并掀起了一场轰轰烈烈的戊戌变法运动。经由谭嗣同的解读，船山思想在精神气质、实学世界观、宇宙论与变化日新的历史观上，都非常契合于当时对变革的要求，表现出了后世所谓"启蒙"的思想气质，在船山思想的启蒙性诠释上，他是先行者。

谭嗣同说：

五百年来学者，真通天人之故者，船山一人而已。

章太炎认为：

王船山是民族光复的源泉。

毛泽东的老师杨昌济曾言：

船山先生一生之大节，在于主张民族主义，以汉民族之受制于外来民族为深耻极痛。此是船山之大节，吾辈所当知也。

受杨昌济的影响，青年毛泽东开始阅读《船山遗书》，他在一师学习笔记《讲堂录》中对王船山评价道：

有豪杰而不圣贤者，未有圣贤而不豪杰者也。

船山思想是催生他救国救民、确立改造世界宏伟远志的重要源泉之一。1914年长沙成立了船山学社，1921年中共一大会议后，毛泽东以船山学社为基础创办了湖南自修大学，成为中共最早的干部培训学校。直到晚年，毛泽东出京视察时，《船山遗书》都在他指明要带走的书籍清单之列。毛泽东肯定王船山的朴素唯物主义，称赞"王夫之的古代唯物论"是中国教育史中不可忽视的重要部分。

王船山思想对近代湖南乃至中国的发展都起到了非常重大的指导和推动作用，从湖湘大地上走出的一代代优秀湖湘英才都深受其影响。王船山思想始终充盈着滚烫的温度，这是对中国文化的无比自信和对未来中国强烈的期待。

相比顾、黄二位思想家而言，王船山的思想得到了更有力的传承、维护和光大，这主要是得益于湖湘文脉，得益于如石鼓书院这样的湖湘书院的继承和发扬。

对于船山学的开创和传承，在第一代学人中贡献最大的当属王船山的儿子王敔（1656—1730），1733年的《湖广通志·人物志·文苑》为王敔作传：

> 王敔，衡阳岁贡生，孝廉王夫子之子。年三十始应试，为诗文高卓，敦尚气节，督学咸器之，修府志，垂成，卒。

王船山一生著作繁富，但在他的绝诗中却表明：

> 荒郊三径绝，亡国一臣孤；霜雪留双鬓，飘零忆五湖；差足酬清夜，人间一字无。

王船山宁可无一字留在人间，尤其是，他在创作这些著作时条件非常的艰难：

> 贫无书籍纸笔，多假之故人门生，书成因以授之，其藏于家与子孙言者无几焉。

因王船山并无多少著作留于子孙，王敔要想传承船山著作是非常不容易的，他自己说"以不能传先人之著作为忧"。但王敔毕竟是船山之子，能世其先业，最终通过不断的努力，成为搜集、整理、纂注、收藏和保管船山著作的第一人，并在亲友和弟子们的帮助下刊印了船山遗书，部分著作收录于《四库全书》，湖南省社会科学院和湖南图书馆现藏有他刊印的湘西草堂本《王船山先生书集》五种。王敔也是第一个给王船山作传记的人，正是因为有了他所作的《大行府君行述》，今天的我们才得以了解到王船山的生平、著作、气节和风貌。

王敔一生的大半时间是设馆讲学，从1723年开始，他长期担任石鼓书院主讲，传授船山学说，从学者众，石鼓书院最早成为船山学传播的重要基地。

而由石鼓学子彭玉麟所创办的船山书院，是全国第一所以"船山"命名的书院，成为全国船山学术研究和传播中心。

彭玉麟与石鼓书院

彭玉麟的梅花图

彭玉麟（1816—1890），字雪琴，衡阳县渣江人，晚清军事家、书画家，湘军水师统帅，人称"雪帅"，曾任兵部尚书。在曾国藩的众多幕僚和亲信将领中，彭玉麟绝对称得上是个辉煌的异类，是晚清官场罕见的"三不要将军"："不要官，不要钱，不要命"，犹如芙蓉之离水，又恰似傲雪之寒梅。

彭玉麟多才多艺，诗书画俱佳。他一生画了上万幅梅花图，都题有咏梅诗。后人评价其梅"老干繁枝，鳞鳞万玉，其劲挺处似童钰"，曾国藩称之为"兵家梅花"。彭玉麟的文采超群，语词流畅诙谐。如，他统领湘军在九江城血战两昼夜，最终将城外彭浪矶隔江相望的重要关隘小姑山从太平军手中夺回时，作诗：

攻克彭泽夺回小姑山要隘

[清] 彭玉麟

书生笑率战船来，江上旌旗耀日开。

十万貔貅齐奏凯，彭郎夺得小姑回。

彭玉麟在诗中巧妙地将他本人因姓彭称为"彭郎"，而将小姑山称为"小姑"，此种拟人手法，读来让人回味无穷。

曾国藩评价他：

书生从戎，胆气过于宿将，激昂慷慨，有烈士风。

这样一位被世人称为"奇男子"的彭玉麟，他的文化起点正是石鼓书院。而他统率的湘军水师练兵场和出发地，也是石鼓山前宽阔的三江汇流处。

彭玉麟虽是衡阳县人，并未出生于衡阳。父亲彭鸣九才华出色，早年外出游学，后又在外做官，性格刚直，为政廉洁，近40岁才结婚生子。彭玉麟出生于父亲任上的安徽省安庆府，母亲王氏生有6个子女，抚育成人的只有彭玉麟和弟弟彭玉麒。

1831年，彭鸣九因母亲去世回到老家衡阳。已经16岁的彭玉麟第一次踏上家乡的土地，兴奋作诗：

到衡阳喜作

[清] 彭玉麟

昔闻衡九面，今日到衡阳。

树绕湘流绿，云开岳色苍。

弟兄惭二陆，父母喜双康。

风土初经历，家乡等异乡。

没有料到的是，还没等彭家人体味到返回家乡的喜悦，紧随而来的却是家庭一场一场的变故，迫使彭玉麟面临人生重大的转折。原来，彭鸣九此前曾委托族人在老家置办了一些田产，谁知这些亲戚欺负他离家多年，在当地既无实力又无倚靠，便对收钱买田之事矢口否认。彭鸣九在愤怒之下竟然一病不起，撒手人寰。父亲死后，族人又欺凌彭家的孤儿寡母，不断制造事端，弟弟彭玉麒险遭伤害。母子三人在家乡处境艰难，无奈之下，母亲王氏让13岁的弟弟到外地学做生意以避祸，而17岁的彭玉麟则以优异的成绩考入石鼓书院就读。

彭玉麟以悲愤之心情作诗《避难》:

避 难

[清] 彭玉麟

拜别慈亲涕泗沱,

一枝秃管任奔波。

旁求愿献冲霄剑,

外侮惊操入室戈。

白粲囊空愁落寞,

青云梯远怕蹉跎。

弋人欲扼鹏飞路,

石鼓山头避网罗。

　　彭玉麟早年接受过严格的家学熏陶和系统的私塾教育,这为他在石鼓书院学习打下了扎实的基础,加之因家庭变故而激发出的自立自强精神,促使他在艰难的环境中专心读书做人。在石鼓书院,他学习优异,甚得老师的器重和同学们的钦佩。彭玉麟虽获得公费资助以入学石鼓书院,但因家贫每月生活依然很拮据,不得已进入衡阳协标营做了司书,做些抄写公文之类的事情。也正因为有了这份兼职所得的微薄收入,彭玉麟得以将母亲从渣江接来衡阳城里居住。

　　1842 年,26 岁的彭玉麟遇到了他人生的第一个贵人——浙江籍进士高人鉴,时任衡阳知府。有一天高人鉴从副将公署看到了彭玉麟抄写的文稿,惊叹道:"此字体奇秀,法当贵。"于是立刻召见彭玉麟,见其"长身立玉,英迈娴雅,益奇之",

当即决定让彭玉麟"入署读书""得列学官弟子，获馆谷"，并亲自教导。2年后，彭玉麟参加府试考中秀才。恰逢湖南学政陈坛巡视府考现场，特别赏识彭玉麟的文才，把他视为国士，彭玉麟由此才名传遍郡县。

湖湘文化最大的特点就是"经世致用"，为什么湖南的学子们如此强调经世致用呢？原因很简单，就是太穷了，大多的学子都是出自如彭玉麟这样的清贫之家，读书目的很明确，就是要学以致用，要让自己和父母、家人过上好日子。而到了书院，接受了圣贤教育后，有了圣人的情怀，就会把这种改善自我生活条件提高到改善社会和百姓的更高境界，安济施民。对于湖南学子们来说，"经世致用"是天生植入心灵，故而绝不迂腐，不喜空谈，绝不甘心于止于书斋、老于山林，只要有机会就想服务于社会，"改造世界与天下"。彭玉麟就是其中的杰出代表。

1853年，在家为母丁忧的曾国藩受朝廷之命负责组建湘军，来衡阳编练。经时任衡永郴桂道的常豫推荐，曾国藩又多次至诚劝导，彭玉麟应命出山，从此进入湘军。从创建到经营、统领湘军水师，巡阅长江水师，他既是湘军水师的创建者，也是中国近代海军的奠基人。

尤其值得一提的是，1883年中法战争爆发时，彭玉麟以衰病之躯毅然应命出山，奔赴抗击法国侵略军前线。1885年，在中法战争取得胜利的情况下，朝廷决定与法议和。面对朝廷以胜求和，被迫奉命撤防而壮志未酬之现实，彭玉麟悲愤地写道：

撤尽熊罴关外军，藩封拱手让夷獯。日边浊雾凭谁拨，海上愁丝为底棼。政府苦心应有在，廷臣清议竟无闻。中华大地供蚕食，还策澶渊一役勋……聚铁九州成大错，糜金万亿付虚空。一腔热血倾冰海，从此归家只务农。

大义凛然的民族之气融汇于字里行间。

1889 年 2 月，彭玉麟最后一次从杭州启程，溯江而上巡阅水师江防，冬天回到衡阳。第二年 4 月 24 日，彭玉麟在衡阳退省庵溘然离世，大清帝国黯淡黄昏中最后一抹斜阳缓缓消逝。

彭玉麟一生克己奉公、勤俭节约，但对家乡的公益事业无不倾力相助。1865 年，彭玉麟捐银修建家乡衡阳县渣江镇彭氏家庙，1871 年捐银修葺来雁塔，并亲书"来雁塔"塔额。

来雁塔原为石鼓书院学子曾朝节所建。《衡阳县志》记载：

明万历十九年（1591），邑人曾朝节以殿试一甲三名及第，归建此塔。

彭玉麟重修的来雁塔如石鼓书院旁边的一支文笔拔地撑天、庄重雄伟，是衡阳仅存的明代大型砖石结构建筑，被列为湖南省重点文物保护单位。

同年，彭玉麟又捐资重修了石鼓书院，千年学府，再焕青春。

晚年的彭玉麟给洪江市衡阳会馆题联：

回首望衡阳，最难忘石鼓书声，雁峰鸿影；
羁身在沅水，一样是春风人面，逆旅乡情。

石鼓书院中的琅琅读书声是彭玉麟对故乡最深情的记忆。

青年艰难求学经历，老年眷念故土情怀，使彭玉麟一直想为家乡建造一所更具时代性的书院——船山书院。1882 年，彭玉麟和湖南学使朱逌然召集船山后人王之春以及杨概、程商霖、蒋霞初等人共同捐资，将在衡阳城内王衙坪的王氏宗祠改为船山书院。1885 年，彭玉麟又捐资白银 12000 两，将书院搬至东洲岛。

船山书院旧址老照片　丁民／提供

东洲岛上风光秀美，四面湘水环绕，如一艘航行在碧波荡漾的江面上的巨舰，与石鼓书院遥遥相望，距离不过十几分钟的船行时间。

彭玉麟亲自书写院额"船山书院"，并题楹联：

一瓢草堂遥，愿诸君景仰先型，对门外岳峻湘清，想见高深气象；

三篙桃浪渡，就此地宏开讲舍，看眼前鸢飞鱼跃，无非活泼天机。

新的船山书院建成后，谁能担任山长一职呢？彭玉麟力推王闿运，并安排在书院后院建造湘绮楼，为其居所。

王闿运（1833—1916），号湘绮，清末民初享有盛名的大学者，一生在经、史、文学、教育等方面都成就斐然。

近代学者李肖聃在其《湘学略》中写道：

湖南学术，盛于近世。明清两代，乃有四王：船山于《易》尤精，九溪（王文清）考古最悉，葵园（王先谦）长于史学，湘绮（王闿运）号曰儒宗。

能与王夫之齐名为"学界四王"之一，可见王闿运确实是一代风流鸿儒。

1891 年 2 月，当王闿运来到船山书院时，彭玉麟已于前一年去世。感念亡友殷殷重托，王闿运由此执掌船山书院 25 年，传承船山思想，精心培养湖湘弟子。大批优秀船山书院弟子光大湖湘文化精神，纵横捭阖于中国近现代的历史大舞台，成为近代革命的先行者和实践者，对中国近代历史发展产生了重大影响。

如旷代逸才杨度（1875—1931），字皙子，曾和梁启超《少年中国说》作《湖南少年歌》，其中有言：

> 若道中华国果亡，除非湖南人尽死。
> 尽掷头颅不足痛，丝毫权利人休取！

道尽了湖南人的霸气和豪气。

杨度的一生是复杂的一生，他参与了公车上书，提出君主立宪思想，并为此鼓吹奔走，支持辛亥革命，受到尊敬和赞扬；

绿净阁　彭琬淇／摄

他成立了筹安会，为袁世凯复辟帝制费尽心力，受到当时人们的唾弃；晚年他又成为一名秘密的中国共产党党员，不畏风险，为革命作出过重大贡献。1975 年冬，周恩来病重期间依然嘱咐身边的秘书转告上海《辞海》编辑部，将杨度于 1929 年秋加入中国共产党的事记录书中。

在戊戌变法中，至少有 20 名船山学子参与其中。

船山书院培育出的优秀弟子众多，如草堂之灵杨钧、乱世奇女杨庄、殿试榜眼夏寿田、民国元勋刘揆一、霋岳楼主马宗霍、寒庐诗人易顺鼎、朴学大师胡元仪、湘南地区最早成为共产党员之一的蒋啸青、曾任孙中山秘书的梁镇中、连中小三元的神童沈琇莹等。其中有意思的是"王门三匠"：木匠齐白石、铁匠张正旸、铜匠曾招吉。多年以后，齐白石在自传中写道："回忆往日师门的恩遇，我至今铭感不忘。"另有诗僧八指头陀，其时为第一任中华佛教总会会长。

王闿运果然不负众望，正如其为船山书院所撰楹联：

> 海疆归日启文场，须知回雁传经，南岳万年扶正统；
> 石鼓宗风承宋派，更与重华敷衽，成均九奏协箫韶。

船山书院承接石鼓宗风，传道兴学，培养大量经世致用的人才，使得这一时期成为传播船山实学思想的最高峰，也使得船山学成为一大显学，影响中国近代历史，甚至走向世界。继承石鼓书院千年精神，船山书院成为清末民初全国船山学术研究和传播的中心，成为晚清十大书院之一。

王闿运给石鼓书院也写过楹联，现悬于合江亭（绿净阁）一楼：

石出蒸湘攻错玉；

鼓响衡岳震南天。

　　不仅巧妙地将"石鼓"二字藏于楹联之首，而且气势宏大磅礴，用典如羚羊挂角，无迹可寻。上联中"石出蒸湘"出处为《水经注》中"临蒸湘有石鼓"之句，"攻错玉"则出自《诗经·小雅·鹤鸣》"它山之石，可以为错……它山之石，可以攻玉。"形象比喻学子们在书院学习如切如磋，如琢如磨，需受教化才能成良才。下联中"鼓响衡岳"出自《水经注》中"（石鼓）扣之声闻数十里"，以此赞扬石鼓书院声名远扬。此联典重、大气、高古，达到了"神以象通，物以貌求"的境界。

　　王闿运还有气势更大的楹联：

吾道南来，原是濂溪一脉；

大江东去，无非湘水余波。

　　"濂溪"指周敦颐，而"湘水"则是一条流淌着哲学的江河。这种大气和豪放，真是气死外省人。这副楹联现悬于岳麓书院文庙中，而在石鼓书院的历史上，也曾悬挂过这副楹联。

　　王闿运曾入曾国藩幕府，周旋于湘军将领之间。34岁时心生退隐之心，他选择隐居于衡阳县洪市镇的石门。石门距离王船山晚年隐居著说的湘西草堂不远，王闿运选择此地不知是否有意而为。夏明翰故居就在石门附近，王闿运在石门著书教学12年，夏明翰的爷爷夏时济在此期间跟随王闿运也学习了12年，后中进士，任晚清重臣。王闿运隐居石门期间影响了一大批衡阳学子。

据《湘绮楼日记》中记载，王闿运为石鼓书院所作楹联正是在石门隐居期间所为。1870 年 5 月，王闿运带着弟子们同游石鼓书院，兴致不错。不仅应石鼓书院山长之请作了楹联，且作诗：

二水空明一屿圆，丛丛树影接城烟。

苍崖旧镇东西郡，薜碣空题汉晋年。

六尽鼓鸣孙亮县，千艘粮运武侯船。

于今弦诵留佳处，选士应逢宋子渊。

王闿运隐居石门 12 年，后又主持船山书院 25 年，居衡阳 37 年，对衡阳文化影响甚大。

由于湘军在衡阳演练并由此出发，来过石鼓书院的湘军将领不计其数。晚清中兴四大名臣"曾国藩、左宗棠、彭玉麟、胡林翼"中的前三位都到过石鼓山，并留下墨宝。

左宗棠（1812—1885），湖南湘阴人，晚清著名政治家，军事家，洋务派代表人物之一。青年求学时曾自写对联：

身无半亩，心忧天下；

读破万卷，神交古人。

晚年他力排众议，抬着棺材率领数万湘军，历经千难万险，收复新疆，这一伟大壮举沉重打击了列强征服中国的野心。

左宗棠的兄长左宗植曾掌教石鼓书院，左宗棠为石鼓书院所题楹联为：

学贯九流，汇此地人文法海；

秀冠三湘，看群贤事业名山。

上联赞石鼓书院学问之大，文化气象之盛；下联称石鼓书院是教化人才的名山事业。古人称著书立说为名山事业，也是巧用典故。此联曾悬于石鼓书院二门，因左宗棠曾求学于岳麓书院，此联在1985年岳麓书院修复时重制悬于讲堂北侧门边。

曾国藩于1853年来到衡阳训练湘军，并创建了湘军水师，在石鼓山西面青草桥畔的筷子洲建立造船厂，并在石鼓山前宽阔的江面上训练水师，水师指挥机构就设在石鼓山上。曾国藩公暇之余，常流连于石鼓山上，并亲题"浩然台"。

光绪年间所修《国朝石鼓志》记载咸丰四年六月：

曾国藩自衡郡练兵东下，暇日游石鼓，爱其奇胜，大书"浩然台"三字，于留待轩正中悬额，雄伟夺目，名臣气象具见……孟子曰"我善养吾浩然之气"，登斯台者，其亦有感于斯文。

曾国藩领导的湘军将帅中，大部分出自湖湘大地上的各个书院。在国事危机之时，这些数以百计的从书院中走出的湘军领导人，率领着数十万的湘军勇兵，做成了一桩人世间极难成功的实事，完成了由"空谈心性"向"经世致用"的转变。尤其值得一提的是，曾国藩所领导的湘军把王船山和魏源的思想形成一种洋务思潮，"师以长技以制夷"，使中国开始走向工业化、现代化，开始走向世界，促成了中国历史方向的转变。这些文人们，平日里文章交往，切磋学问，一旦到了时代更迭、国家动荡之时，这个文化群体就转化为左右国家政局的政治力量和军事力量。

近代湖南的崛起，与湘军崛起后回馈家乡，建立书院，有着直接的联系。战乱发生的时候，文化人总是绝望的，就像梦碎，使人伤感。但湖南的文化人在战乱时，把书院的理念搬到了军营，以文化为战争的武器，军营也成了另一种书院。而当时局渐渐平静之后，他们又回到文化中来，文化对于他们依然是一座座能使人格和灵魂升腾的庭院，是藏书楼，是书院。这也是曾就读于石鼓书院的彭玉麟建造船山书院的初衷，传播船山思想、教育湖湘弟子是他的信念。

正因为曾国藩对船山学和书院的倡导，湘军将帅们开始竞相修建书院，由此形成一种学术文化风尚。他们不是将书院建成诂经精舍或学海堂之类的专事考据、训诂的书院，而是强调务实、立德、立功、立言，认为社会道德标准跟经世致用、坚船利炮结合起来才能够产生无与伦比的正义力量。

数千年的文化基因，独特的性格气质，数百年湖湘学的经世致用传统，早已成为湖湘知识分子群体的集体无意识，这是当时中国大地上独一无二的有理想、有信念、有操守、有务实精神的群体。他们在晚清历史转折的关头创造了奇迹、扭转了乾坤，除了历史机遇外，湖湘书院千年来的经世致用学统是他们制胜的法宝。

"天行健，君子以自强不息；地势坤，君子以厚德载物。"这是中华民族精神所在，也是湖湘文化精神之所在，而石鼓书院千年所传承的正是这种民族文化精神。

彭琬淇 /

第四篇　石鼓山水诗中的自然超脱精神

庾阐《观石鼓》

石鼓书院湘江侧亲水平台　周雪徕／摄

各大书院志中的山水诗词都占有很大篇幅，这是因为中国文人自古就有寄情于山水的传统。3000年前的《诗经》是我国最早的诗歌总集，第一首第一句《关雎》："关关雎鸠，在河之洲。"仅仅8个字，展现出来的是一条河流，一片沙洲，冰消雪化后的波光粼粼，还有点略带料峭的春风，空旷的沙洲上还有鸟儿的叫声，一幅冰雪融化后的春天景色。以景写情，是中国诗歌的灵魂，也是之后唐诗宋词元曲中最擅长的。如，元代马致远的"枯藤老树昏鸦，小桥流水人家"犹如摄像机，让读者看到的是枯萎的藤蔓、苍老的树木、黄昏归巢的乌鸦，小桥、流水人家，古道、西风、瘦马。没有写作者的心情，却将作者心情寄托于山水中，让读者体会到天涯游子的伤感，生命的落寞与流浪之心情。

中国的传统文人，与自然共鸣，在山水中为心灵寻找一片宁静所在，让自己在自然中超脱，这是一种天人合一的精神境界。

与之同时，水声山色不仅见之于自然，也藏之于书册。人在得到文化的浇灌之后，才有可能像芳草一样青翠可人，释放出人格的魅力。

文人对美景的追求，使得古代书院大多选在风景优美之地，边游历山水边讨论学问，思想更为开阔。石鼓书院能经历千年不衰，重要原因也是因为其独特的地理位置和秀美风貌。石鼓山上树木葱茏，岩石嶙峋，花香鸟语，又位于湘、蒸、耒三水汇合处，江面开阔，视野空灵辽阔。尤其难得的是，"回雁峰拱峙于前，祝融峰屏蔽于后"，所谓衡岳石鼓也。魏源在《衡岳吟》中写道："灵均湘灵光怪气，皆是此山万古魂。"

南岳独特的山水地理环境，赋予了石鼓书院独特的精神结构、个性和气质，也培育了石鼓书院独特的山水精神，而这种面对自然的超脱精神，就蕴含在千百年来的石鼓山水诗中。

衡阳有八景，石鼓书院所在地就占了两景：石鼓江山锦绣华，朱陵洞内诗千首；旁边还有一景为青草桥头酒百家。石鼓书院的山水诗可谓数量之大、质量之优，而东晋的庾阐《观石鼓》为咏石鼓的第一名篇。

庾阐生卒年份不详，据曹道衡《晋代作家六考》考证，生年大约在297—298年，卒年大约在351年之前。庾阐的祖父庾辉官至安北长史，父亲庾东以英勇善相扑而闻名。庾阐自幼好学，9岁就能作文。永嘉末年（307—312）战乱，庾阐的母亲被害身亡。自此，庾阐不梳洗，不结婚，不做官，不食酒肉，近20年，人皆赞之。339年，庾阐出补零陵太守，路过衡阳，登石鼓山，留下诗作：

观 石 鼓

[东晋] 庾阐

命驾观奇逸，径骛造灵山。

朝济清溪岸，夕憩五龙泉。

鸣石含潜响，雷骇震九天。

妙化非不有，莫知神自然。

翔霄拂翠岭，绿涧潄岩间。

手澡春泉洁，目玩阳葩鲜。

为了一睹石鼓山的风采，诗人非常急迫地命人驾车，去观"奇逸"、访"灵山"。急迫到什么程度呢？一路上，景色秀丽的清溪、引人遐想的五龙泉仅仅一笔带过，只作了石鼓山的陪衬。这几句起着高潮到来前的蓄势作用，让人从诗人行程的匆忙、心境的急切中去想象石鼓山的诱人。

石鼓山终于到了，诗人先不写这座山形状如何，而是先写声音。石鼓山蕴含着巨大的声响，石鼓一鸣，雷公也要吓一大跳，九天也会被震动，这当然是想象中的石鼓声音的威力。诗人接着感叹道，一切都是自然的安排，一切都是那样神秘而又那样自然，谁能知道其中的奥妙呢？

然后两句画风一转，石鼓山变得温顺和柔媚了，一切变得亲切而明丽。翠绿的石鼓山依偎着飞翔的白云，一湾山涧欢快地在岩石上跳跃。一个"拂"字，一个"漱"字，包含了诗人对大自然多少深切的感情。

前两句写声音，后两句写美景。犹如苏轼所说："诗中有画，画中有诗。"石鼓山就是一幅美丽的图画。面对这样的美景，诗人最后感慨道："手澡春泉洁，目玩阳葩鲜。"这春泉洁净的不仅仅是手，更是人的精神和灵魂，眼中没有了世俗的功名利禄，才能领略这沐浴在阳光中的灿灿鲜花。这是何等清幽的景色，何等高洁的境界。

全诗由"行"到"听"到"看"，最后落到"洁"，从"期待盼望"到"想象中听到"到"真实地看到"，最终体验的是精神世界的洗涤和超脱。这是中国人与自然的关系，这就是天人合一。感受自然之美，让人心情愉悦，豁然开朗。这是一种自然的超脱精神，是石鼓山独特的山水给诗人的感受，也是给后世很多文人的感受，也是给我们的感受。

读庾阐的《观石鼓》，让人印象最深刻的还是他对声音的描写，即有鸣石的震九天，也有曲涧溪流的温柔。中国是个音乐的国度，最早的诗歌总集《诗经》距今3000多年，都是唱出来的；2500年前的《六经》中已有《乐经》。但在庾阐的年代，没有录音技术，擅长琴瑟箫笙的自然只是少数，民间对于音乐的感悟大多停留在天籁之音上，比如风声雨声、飞鸟鸣声、野兽叫声、江河涛声、流泉飞瀑以及器物的撞击声，要想一饱耳福非到现场不可。在没有音乐的年代，人的想象力像竹笋那样在翠静的春夜发出吱嘎吱嘎的拔节声，随时准备从大自然获得音乐的灵感。而可以发出巨响的石鼓山以及山中的流水如泣如诉的清脆声，自然对诗人有着魔幻般的吸引力，是一种难得欣赏的自然风景。

庾阐这次路过衡阳，不仅心切切地游览了石鼓山，作了《观石鼓》，也写了《衡山诗》：

衡山诗

[东晋] 庾阐

北眺衡山首，南睨五岭末。

寂坐抱虚恬，运目情四豁。

翔虬凌九霄，陆鳞困濡沫。

未体江湖悠，安识南溟阔。

庾阐生活的东晋政治腐败、国情纷乱，文人们多从山水中寻求抚慰和解脱。

中国山水诗的起源，大家都知道是谢灵运。但著名历史学家范文澜认为："写山水之诗起自东晋初庾阐诸人。"（范文澜《文心雕龙·明诗注》）他认为山水诗的鼻祖是庾阐，比谢灵运还要早几十年。

魏晋时期社会动乱、朝政不堪，有才之人得不到重用，因此纵情山水，遍览山川河流，为山水诗的写作积累了大量的素材。同时魏晋时期的"九品中正制"的选官制度，使得很多寒门出身的人得不到重用，很多寒门士子空有才华却难以施展，面对仕途无望的现实他们不得不纵情于山水以排遣心中的忧闷。于是出现了一大批有自我文化自觉意识的文人，出现了文人阶层有的颓废，有的放纵，有的悲壮，有的去做官，有的当酒鬼的现象，如竹林七贤。这是中国历史上的第一次人性解放，人对生命有了不同的诠释，而在文学诗歌中又给我们留下了很多的感动。山水诗作为一个诗歌流派正起源和成熟于这个时期，社会的现实与文人士大夫的理想之间的矛盾是山水诗形成的根本原因。

石鼓山有幸，在这个时期迎来庾阐，留下《观石鼓》的千古名篇。

石鼓山上觅石鼓

第四篇
石鼓山水诗中的自然超脱精神

石鼓书院现存石鼓是 1965 年时任中共中央中南局第一书记陶铸首倡凿制而成，
2006 年，重修石鼓书院时，原有建筑中唯保留这面石鼓　丁民／提供

石鼓山上有石鼓吗？真能发出惊天动地的巨响吗？

石鼓山说是山，海拔不过 69 米，面积仅 4000 平方米，只是山形独特，拔地而起，又处蒸湘二水汇流之处，突兀江心，其形如鼓，所以得名。也有说蒸湘二水相汇拍打山石，响声震天，像敲打一面石鼓，因而命名石鼓山。

东晋哲学家、地理学家罗含（约 292—372）在《湘中山水记》中记载石鼓山上真有一面石鼓：

> 石鼓在烝口南、湘水西……叩之，声闻数十里。

"烝口"即蒸水入湘江处。罗含说石鼓山有石鼓，叩之能发出巨响，响声远播几十里。

北魏地理学家郦道元（约 470—527）也到过石鼓山，并记载于《水经注》。万历《石鼓书院志·石鼓山》曰：

> 山在府治北，其形如鼓，屹立于蒸湘二水之间。《水经》云：临蒸有石鼓，高六尺，湘水所经，鸣则有兵革。

郦道元说，看到了这面神奇的石鼓，高大气派，神秘，石鼓一响，就有战争爆发。

既然郦道元都看到了这面能发出声响的石鼓，那这面石鼓现在在哪里呢？据宋代《祥符州县图经》中记载："俗传卢龙推鼓下，入于潭水。"而原因是怒其鸣而有兵革之事。

正如明朝人王镐所咏《石鼓潭》所称：

> 石鼓在蛟潭，卢龙拥入水。
> 岂不惜幽真，为防兵革起。

卢龙推石鼓于石鼓山下深潭之中，希望以绝兵祸，永宁一方。至于卢龙是何方神圣，何时推鼓下潭，现都无从考证。据南宋初年陈田夫所写《南岳总胜集》中记载，石鼓山上曾建有卢龙庙。而到了661年，道士郭行真奉敕祭祀南岳神时，废卢龙庙而不祀。从此石鼓山上没有了叩之有声的石鼓，也没有了祭祀推石鼓下潭的卢龙的庙宇。

805年，韩愈登石鼓山作《合江亭》，未提及石鼓。810年，被贬衡州刺史的吕温，守衡一年多时间，常来游赏石鼓山，且留下诸多诗作，也从未提及石鼓。能发出巨响的石鼓如若有之，也当消失在唐代初期之前。

历史上曾有很多人寻觅石鼓，都无收获。

1637年，著名旅游家徐霞客（1586—1641）也曾两次登临石鼓山，并在《徐霞客游记》中记载，第一次去欲求所谓"六尺鼓"不得，见合江亭下濒水有二石如竖碑，以为是"遇乱而鸣者"的石鼓。因天色已晚，大雨将至，匆匆离去。

徐霞客第二次来时，见：

> 由合江亭东下，濒江观二竖石。乃二石柱，旁支以石，上镌对联。一曰："临流欲下任公钓。"一曰："观水长吟孺子歌。"非石鼓也。

石鼓山军事地理位置确实非常重要，当年曾国藩的湘军就是在附近的演武坪练兵，石鼓山附近的筷子洲则是湘军水师的造船厂和练兵场。湘军将领湖南提督鲍超在石鼓山训练水军时，对石鼓的下落产生了兴趣，曾派勇士入潭探索。发现潭内满布水草，潭底有一怪穴，阴森恐怖，不敢深入。从此不再有谁敢下潭探寻石鼓下落，由此成为千古之谜。

现在石鼓书院内的石鼓，是1965年衡阳市政府修建石鼓公园时凿刻的，鼓与基座通高2.8米，鼓径1.6米，花岗岩石所刻，自然无法叩响。2006年，重修石鼓书院时，原石鼓公园的亭廊建筑都被拆除，唯留这面石鼓立于书院山门内东侧，此乃今天的衡阳人对石鼓山最早而又神秘莫测的人文景观的千年情愫。

会响的石鼓消失了，但石鼓山的独特风景依然让所有亲临此处的文人们津津乐道，无法忘怀。

南宋程珦（1135—1196），朱熹门人，潜心理学，是程朱学派的重要学者。1184年出任衡阳主簿，3年后暂代石鼓书院山长，以宣扬朱子之学，曾留有多篇咏颂石鼓诗，石鼓山的美丽风景在他心中比画更美。

游石鼓观湘水

[南宋] 程珦

按行又复到江干，近水遥山照眼寒。

从此潇湘在胸次，不须更向画图看。

元朝御史奚汉伯颜作有几首《石鼓馆》诗，选其一首共赏：

石鼓馆

[元] 奚汉伯颜

郴郴金碧起灵坛，万壑同承石鼓山。

蒸水远连湘水去，橹声遥杂雁声还。

回看星斗朱陵上，伫听金丝绿净间。

欲刻新诗酬胜景，摩崖应愧雨苔斑。

元朝李处巽，曾任湖南道宣慰司副使，作有《石鼓书院示诸生》诗，这里也节选一段共赏：

石鼓书院示诸生

[元] 李处巽

蒸湘二水合流处，中有孤山块如鼓。

兹名炫耀得自唐，儒舍重兴来近古。

书生要占鳌头住，竭力中流扶砥柱。

经营二载始告成，转首潇湘变齐鲁。

……

方今海上四书院，鹿洞睢阳并岳麓。

若论地秀多贤才，石鼓山明江水绿。

这首诗中所言石鼓孤山形状如鼓，同时告诫诸生要努力学习，成为国家的中流砥柱，让潇湘之地也成为如齐鲁大地那样的文化兴盛之地，并点明四大书院中石鼓书院风景最为秀丽，人才辈出，当然是勉励诸生之意。

到了明代和清代，咏颂石鼓山的诗词更多。明朝天顺年间（1457—1464），翰林院五经博士沈庆任湖广等处提刑按察司副使，到了衡阳，见石鼓书院部分建筑破损，于是命令推官余敬修缮。曾作《谒石鼓书院》诗多首，选其一共赏：

谒石鼓书院

[明] 沈庆

两水夹流天下奇，巨鳌春浪如神龟。

因名石鼓构书院，古今贤哲遗声诗。

竹树阴森荫江浒，灌灌文风比邹鲁。

燕居像古宫殿高，雍雍四配陪尼父。

安得频年此读书，亭中俯仰观鸢鱼。

天渊理趣豁胸次，朱陵何独论逃虚。

衡岳当空高万丈，顷刻扶摇端可上。

一曲沧浪孺子歌，听罢悠然绝尘想。

便欲临流亚濯缨，时时来此合江亭。

录幽览胜不可极，仁目潆回碧水渟。

明朝的蔡汝楠作《石鼓合江亭》，感叹"石鼓清时常不鸣"：

石鼓合江亭

[明] 蔡汝楠

闲来坐啸开江亭，为吏亦有青山情。

朱陵阴洞杳无际，石鼓清时常不鸣。

昔贤登临企芳躅，双流绿净濯尘缨。

渔父向予复鼓枻，莫似三闾知姓名。

沈庆和蔡汝楠的诗中不约而同地都用到了《楚辞·渔父》

的典故，这是屈原所作的散文诗，记录的是他流放时与渔翁的一段对话。渔翁劝导他随波逐流，而他说："宁赴湘流，葬于江鱼之腹中；安能以皓皓之白，而蒙世俗之尘埃乎？"渔翁莞尔一笑，歌唱"沧浪之水清兮，可以濯吾缨；沧浪之水浊兮，可以濯吾足"而去。

《渔父》表达的是屈原洁身自好、不同流俗的高贵品质；而渔翁的境界其实是一种"大隐隐于市"的至高境界，所谓清者自清、浊者自浊，清则可洗我缨（帽带），浊则可洗我足，关键在于你自己内心的价值和人格。屈原的价值观自然是历代士大夫们所标榜的，而渔翁的价值观也是他们所向往的，历史上多少士大夫和文人其实都是在这两者之中徘徊选择。

沈庆和蔡汝楠都是非常进取的儒官，站在石鼓山上，也有了"渔父莞尔而笑，鼓枻而去"的欣然自乐之心境，这就是石鼓风景的魅力。

清朝的饶俭，1756年任衡州知府，捐资督办重修石鼓书院，历时7年。竣工时作《重修石鼓书院记》："登楼四顾，知水仁山，洞心豁目，所谓一郡佳处者，亶其然乎。"并乘兴作诗《石鼓山》（选自同治《清泉县志卷末·杂识》）。

石鼓山

[清] 饶佺

巨石形如鼓，屹然立江浒。

雄秀本天成，灵响秘终古。

减汩合蒸湘，双流借砥柱。

北望拱神京，南服镇荆土。

洵哉一郡佳，紫阳非夸诩。

真儒六七过，旷代如接武。

渟峙洒清风，文物留高矩。

迁延岁月久，名境或榛楛。

元明历创构，湫隘不足数。

我朝建鼎初，蔚炳光祠宇。

重开后学基，永妥先贤主。

舒君前守邦，捐资备葺补。

倏忽意未遂，筹画心良苦。

翳予忝郡符，亟饰旧堂庑。

杰阁凌三层，邃室环百堵。

崔嵬俯清流，时听秋风橹。

彬彬集多士，英才相鼓舞。

况逢名太史，皋比播时雨。

囊箧满兰阶，琴书绕桂坞。

地固以人灵，人亦因地聚。

乔木怀春莺，席珍待良贾。

仰止奋修涂，此邦即邹鲁。

藏书得名山，诸生力各努。

朱陵洞内诗千首

朱陵洞 周雪徕／摄

古代书院大多建在幽静秀美的"风景似桃源"之地，即使择址欠佳，也会想办法补救，如植树造林，种上竹子，做个假山之类。这自然是古代书院建设者们认识到自然对人的陶冶之力，既有佛道的丛林精舍、宫观的影响，也是儒家对"天人合一"的追求。事实上最早的书院大多与山寺、道观连阁共泉，交相错处。道人、僧侣、儒生齐集一起，"话篇章""攻文字"，乃至对国家前途命运"寒宵未卧共思量"，儒、释、道三者的相互沟通和影响，也正是书院产生的思想文化背景。

道教传入南岳衡山较早，明朝《南岳志》中记载："天师张道陵尝自天目山游南岳，谒青玉、光天二坛，礼祝融君祠。"张道陵是东汉时期道教早期的重要流派五斗米教的创始人，到魏晋南北朝时期，道教在南岳得到迅速发展。东晋初年，上清派第一代宗师魏夫人到南岳修道，开南岳道教宗派之先河。到了唐代更是名道纷至沓来，修建宫观，开派传宗，南岳成为湖湘道教的中心。

石鼓书院所在的石鼓山三面环水，四面凭虚，树荫竹幽，空气清新，又远闹市而不僻，近城邑而独静谧，自然成为僧道修行的好去处，有关石鼓书院最早的记载就与道教有关。吕温诗作《题寻真观李宽中秀才书院》中就点明，石鼓书院的前身就建在道观里。

《衡州府志》记载：

州城外石鼓山，自（唐）贞观初刺史宇文炫开"东岩"，"西溪"为眺览名地。（李）宽为山主，乃改道院为学舍，辟寻真观为读书之所。

石鼓山上较寻真观更有名气的道教圣地是朱陵洞，位于石鼓山北麓合江亭侧的石洞。万历《石鼓书院志·朱陵洞》曰：

（朱陵洞）在石鼓山后，幽邃深黝。俗传与南岳朱陵前洞相通。旁刻"朱陵后洞"四字。

南岳朱陵前洞（水帘洞）为道家第三洞天福地，朱陵大帝的居所。《衡湘稽古》中说："炎帝，一曰朱帝，故衡山为朱帝游息之所，有朱陵洞。"此地曾是炎帝休息处。

相传石鼓山上的朱陵后洞与南岳的朱陵前洞两洞相连，传说很久很久以前，有个道士从南岳到衡阳来卖豆腐，由这个洞进出，来回100多里的路程，只一个早晨就可以往返，是当时的"高速公路"。

《国朝石鼓志卷之一》记载：

朱陵后洞，在合江亭之侧。《郡志》云：旧有泉从洞中出，今湮。道书谓南岳为朱陵洞天，相传有仙从此入南岳，朝往暮归，有窥见者以石塞之，后遂不复出。

又有传说董奉仙在洞内修道，《舆地纪胜》中记载："董奉仙天宝中修九华丹法于衡阳，栖朱陵后洞。"（天宝是唐玄宗的年号）而南宋陈田夫的《南岳总胜集》更是称董奉仙在朱陵后洞中修炼羽化成仙，这就自然成了仙洞。768年，暮年的杜甫来到石鼓山，曾赋诗《忆昔行》："更讨衡阳董炼师，南浮早鼓潇湘柁。"

现在的朱陵仙洞，不过是小小的仅可容"一几一榻"之地，看不出能与南岳朱陵洞相通的迹象。明嘉靖年间的《衡州府志》中曰："朱陵洞俗传与衡山朱陵前洞通，今塞。"原来是相通的，后来堵塞了。为什么堵了，什么时候不通了，自然又引出许多的传说故事。明朝的徐霞客来此地时在《徐霞客游记》中记载："（合江）亭南崖侧，一隙高五尺，发合掌东向，侧肩入，中容二人，是为朱陵洞后门。"

传说中的朱陵前洞、后洞相距百里，幽深莫测，自然引起无数文人墨客的大量遐想。于是朱陵仙洞的内壁上曾留下了诸多历代名家如杜甫、韩愈、吕温、张栻、范成大、文天祥、王夫之等诗作千首之多，由此远播三湘，为衡阳八景之朱陵洞内诗千首。历代咏颂的诗篇也很多，这里选取几首共赏。

南宋初年陈田夫，住在衡山紫盖峰下九真洞老圃庵，曾编著《南岳总胜集》，"访求前古异人高僧灵踪秘迹，考其事而纪之"。曾作《题朱陵洞》：

题朱陵洞

[南宋] 陈田夫

我爱潇湘境，朱陵后洞天。

白云堂里客，青草渡头眠。

小艇牵红鲤，幽池种碧莲。

颐真堪此地，风月两依然。

刘尧诲（1522—1585），明代嘉靖年间的进士。任江西巡抚时曾创建濂溪书院，晚年退休后安居衡阳。清乾隆二十八年的《清泉县志》中曾记载有他为朱陵洞所作的诗篇，从诗中也可以看出，刘老先生晚年居住衡阳时没少来石鼓山，而且是不分朝夕，也可能有时就居住于石鼓书院，读书讲学。

朱陵洞

[明] 刘尧诲

惯熟山前路，行吟人不疑。

栏回青嶂合，云涌碧帘垂。

石髓浮春酌，金光动晚曦。

元虚不可觅，欹枕问希夷。

王在晋（1564—1643），明朝万历年间的进士，曾任南京兵部、吏部尚书。1608 年来衡阳游石鼓，作《朱陵仙洞》，更是一片仙景。

朱陵仙洞

[明] 王在晋

翠华掩映玉玲珑，一片空明斫太濛。

洞里瑶光应不夜，步虚人入水晶宫。

而与王在晋同朝的陈宗契写朱陵后洞也有同工之妙。

朱陵后洞

[明] 陈宗契

一自罗浮去路长，藤花天棘覆云床。

仙人独下葳蕤锁，犹有金膏秘禹粮。

清朝常宁浪漫诗人段梧生的《朱陵后洞》另辟蹊径，从仙境入人世。

朱陵后洞

[清] 段梧生

不受俗尘侵，长年石鼓阴。

门嫌愁里大，路爱梦中深。

有客曾幽讨，无人解暗寻。

我来呼欲出，浊酒莫孤斟。

　　清朝光绪年间举人田宗涖的诗作《朱陵仙洞》中，则讲述了另一位唐代道人的故事。传说南岳紫金峰有一个幽静的山谷，有一个叫王十八的人在此种菜，经朱陵洞往返衡阳城区卖菜奉养双亲。

朱陵仙洞

[清] 田宗涖

朱陵洞里王十八，卖菜得钱养两亲。

未识神仙佳种子，并同栽法付何人。

　　同样是朱陵洞，不一样的思绪和情怀引出不一样的诗意。景物是随着人的思想而变的，观景的角度不同，心情自是不同，诗作也就千变万化。以景怀人，以景喻悲，以景感怀，写景实是写自己的心情。

　　除朱陵仙洞一景外，有些石鼓八景诗中另有仙道所留二景"寒潭濯足"和"真仙遗迹"。传说很久很久以前，有位仙人云游到石鼓山，寻幽览胜之时，在山前的深潭中洗了洗脚，又在山石上留下了硕大的脚印和坐下的痕迹。

　　石鼓山虽弹丸之地，然环境独特，气象万千，引来无数诗人的无限遐想和向往，以至留下许多美丽的传说。

石鼓八景

东岩晓日　何盛稀／摄

石鼓山上有石鼓八景，虽为园林建设，但其主旨却在教育上，以期通过风景的观赏，陶冶学子们的性情。

所谓石鼓八景，于各时代不同，难以统一定论。明朝万历《石鼓书院志》记载的石鼓八景诗，为东岩晓日、西溪夜蟾、绿净熏风、窊樽残雪、钓台渔唱、合江凝碧、栈道枯藤、江阁书声（书声唔咿）。

明朝衡阳人刘邦献以举人入仕，曾官至知州，常在石鼓山上流连忘返，吟诵其间。万历《石鼓书院志·下部》收录了他所写的石鼓八景诗，每景七言、五言各一首，同时每景诗前都有小序，选其序作为八景介绍。

《石鼓八景》小序

[明] 刘邦献

东岩晓日

叠石悬崖，壁立江渚，佳木丛生其上。以故瀛海朝暾，岩光先得，维时朝岚横带，江霭熹微，远峰半露，江舸轻移。柳子所谓"烟消日出不见人，欸乃一声山水绿"是已。

西溪夜蟾

西溪独取暮景者何？盖沿溪渔火参差，市肆间，长桥车马，估舶帆樯，楼阁濒江，峦林横障，月下玩之，阴沉雅淡，令人有玄思焉。是故朝阳夕月，达观之大义也。

绿净熏风

绿净故取澄江之义。今仰高楼，是登斯楼也，披襟坐啸，不觉炎蒸。

宆樽残雪

石窍中虚，注雪经夏，上有古木覆之，在西岩下。

钓台渔唱

巨石蹲踞，湍流鱼多，从而游泳，钓者适意。兴歌江空，为之流韵。

合江凝碧

湘蒸二水，会同江阁之前。悠悠油油，潆洄不去，清碧生焉。

栈道枯藤

古藤附木，长竟百尺余，倒悬崖东，不知岁几。舟人逆湍而上，力助牵挽。

江阁书声

东西书舍，窗櫺面面临水。夜灯哦咏，琅琅有声，声出水曲间，尤足人闻听。

石鼓山弹丸之地，所谓八景，现在看来也是朴素而平常，若无悠然徘徊于红尘之外的眼光和心境大概是欣赏不了的。然而，就在这朴素、沉静而博大的风景中，内含一种慢条斯理甚至从容不迫的气度。也许有一天，没人再相信朴素、平凡是一种最上等的生活。好在古代的人生活很慢，可以以单纯的心境，简单的风景，去享受不平常的幸福，由此也创作出大量的咏颂石鼓八景的诗作。

明万历《石鼓书院志》中收录石鼓八景诗较多，时间最早的作者为明朝衡阳县人易纲，不知所谓八景是不是他的首创。据说他喜爱自然山水，有陶渊明之趣，辞官回到衡阳后，对石鼓山情有独钟，作《石鼓八景》。选取其四首欣赏：

石鼓八景

[明] 易纲

西溪夜蟾

坐久西溪玩月圆，星河无翳夜无烟。

乍疑辘辘冰轮转，还讶团团宝镜悬。

爽气满襟浮宇宙，清光随处照山川。

金罍倒饮琼楼下，欲拟长庚赋百篇。

绿净熏风

绿净楼高夏日长，南熏飒至荡蒸湘。

能令坐上消炎暑，不向江头借夕凉。

隔岸细摇杨柳舞，拂池轻送芰荷香。

若教元亮临兹境，肯谓羲皇卧北窗。

窊樽残雪

谁凿云根作酒樽，樽流犹有雪盈盈。

光明初讶银妆就，莹洁还疑玉琢成。

畅饮不妨花下醉，高歌无愧郢中声。

古人淳朴谁同守，留到而今不易名。

栈道古藤

谁修栈道倚崔嵬，上有古藤质未摧。

卧月时占新雨露，盘空不带旧尘埃。

高悬屈曲龙虬现，斜挂崎岖鸟雀猜。

安得伐来为剞劂，细书三策献金台。

　　这几首诗落笔不在气势，而在于风景，倒也比较平实，也有点田园诗的平淡风趣。宋代梅尧臣说："作诗无古今，唯造平淡难。"也就是说无论是今诗古词，平淡是最难达到的艺术境界。所谓平淡，当然不是平庸浅俗、苍白无力，而是淡远深邃、朴素平易，平淡中表现深刻丰富的思想。这几首诗中诗人把石鼓书院中自然幽美的风景与诗人宁静恬淡的心境悠然合一，也体现了儒家之道的超越性。

　　久坐于石鼓书院，庆幸这庭院里万籁相安，各自按自己的规律运行，而人不过是这里的过客，谁都带不走一片月色。这样想了，就有了一种轻松自如的心情，也如同与月色相融合了。就如同这位明代诗人易纲一样，虽已化为红尘，但月色依然关照于他，让他的精神生命"坐久西溪玩月圆，星河无翳夜无烟"。所谓"景"和"名迹"，不过是一种思想的载体。由此相信，诗人是有灵魂的，与月色同在，永生不灭。

　　明朝的王京在万历年间曾任衡州府同知，有儒者风度，好诗词，闲暇之余常与同事好友去石鼓山上的合江亭聚会。明万历《石鼓书院志·名宦》中记载他："风度襟怀，飘然有仙风道骨之气，长于吟咏，雅爱石鼓山……缓步徜徉于蒸湘合流之上，清才绝唱，人皆仰之。"他也作有《书院八景》，选二首欣赏。

东岩晓日

[明] 王京

怪石参差拔地雄，朝墩隐映大江东。

共看露篆千寻赤，不独霜秋万叶红。

寒漱玉泉清滴沥，光生碧海晓瞳蒙。

扶桑咫尺无人到，夸父宁知造化功。

钓台渔唱

[明] 王京

烟波灭没渺难攀，独把渔竿靠碧山。

半曲沧浪天迥寂，一江鸥鸟暮飞还。

眼前生计真牢落，世上浮名只等闲。

莫向严陵求出处，五湖风月在人间。

文化是人与时间拉锯的产物，依附于某一载体而存在。千百年来，相同的自然风景因人之不同赋予其不同的心境和情怀，自然界不断上演的荣与枯、盛与衰、得与失、生与灭的变故循环着，给予来到石鼓书院的文人们以无穷的想象，成就其不败的生命精神，如年年红似火的秋叶。

我常在梦中如鸟儿般翱翔，俯仰山石日月江河，沐浴野风暮鼓晨钟，白云冉冉，落我衣裾，皓月娟娟，入我怀袖，进入一种超然的境地。由此感到生命终究是优雅的，激情是悄然无声的，对美好的向往是灵动而风雅的，内心回到纯真的少女时代。这种向往逍遥自在的精神状态，大概是每一个文化人来到石鼓山，看到渔火点点时，都会想到沧浪歌的原因吧，其练就超越自然生命的神灵之光。

明朝万历年间的衡州府学训导张邦瑞也作《书院八景》，选取二首共赏。

合江凝碧

[明] 张邦瑞

蒸湘两派各朝宗，一碧平铺可荡胸。

淡淡波光僧眼洁，澄澄山影佛头浓。

涨添浅染春罗皱，月到重磨宝镜熔。

几向江头寻有本，观澜歌罢敢疏慵。

合江亭上，登高临远眺，景色一望收。湘江两岸山水烟霭，树柳花草，飞鸟船帆，尽收心中。日夜奔流不息的蒸水、湘水的波涛拍打石鼓山体，犹如一支催眠曲，用手摸摸合江亭上的石栏，感受到大地的宽厚博大。自然情趣中隐含性灵佳趣，这样的景色让读书人将枯燥的读书生活抛于脑后，随之而来的是人性的张扬，"几向江头寻有本，观澜歌罢敢疏慵"。歌颂石鼓八景的诗词都是即景抒情，脍炙人口，是春花秋月的四时景观和桃源佳趣。

张邦瑞的另一首《书院八景》诗：

书声唔咿

[明] 张邦瑞

天开石鼓读书堂，不断唔咿五夜长。

响近好风飘碧落，清随明月堕沧浪。

含商嚼羽阴阳髓，戛玉铿金孔孟章。

外此更无堪入耳，蛙声蝉噪是荒唐。

从这首诗最后一句"外此更无堪入耳，蛙声蝉噪是荒唐"，可以感受到学子们"两耳不闻窗外事，一心只读圣贤书"的艰辛。在石鼓书院的庭院里徘徊的古代知识分子中，成功者的精神品质固然给我们留下启示性的力量，而来过这座小小庭院的大多数知识分子无疑是在平淡或颓唐中度过人生，犹如我们中的大多数人一样。本书多选自名人名仕的诗歌，对于普通学子的生活及情感几乎难以涉及，此处不由也想为他们写几句。

古往今来，一代又一代的读书人背井离乡、义无反顾地来到石鼓书院，试图通过学习而到达理想的彼岸。有些人实现了自己的目标，但大多数人与仕途官场无缘，绝望与辛酸伴随一生。求学是艰辛的，功名永远只属于少数的幸运者，而在书院就读的大多是无名的苦读者。留下好诗文的自然是那些经历刻骨铭心的悲怆后的成功者，成为不朽的灵魂，至今依然飘荡在石鼓书院这座千年的庭院之中，影响着前来敬仰他们的游人和学者。

到了清朝光绪年间，重修《国朝石鼓志》，后续石鼓八景有所改变：

洼尊藏雪

石鼓山下傍蒸水，有怪石，形如酒盏，中空外实，刻曰"洼尊"。尊内藏雪，见日不融，经冬涉春始消。

孤藤夹岸

合江亭右有孤藤，在水底，由西岸牵过东岸，历年不朽。长老云：明万历时，有渔人至其底，见之。

枯枝映月

书院西古树一棵，半生半枯，月出映之，晶光如玉。至吴三桂踞衡，伐其树。

寒潭濯足

合江亭下有一坪，宽至亩，相传仙翁濯足处，石上仙迹在焉。明时建亭其上，曰"濯足亭"。今为水啮，遗址无存。

真仙遗迹

七贤祠右有仙人足迹印石上。今七贤祠已废，而足迹亦无可考。

灵洞交感

俗传朱陵后洞，历有灵验，祷祈显应。今洞旁编刻各姓名，不可胜计。

石鼓兵占

《水经》云：石鼓高六尺，傍湘水，鼓鸣则有兵革。相传有人推鼓入潭中。今不可考。

悬崖晓日

书院东有石壁，削立数寻，初日照之，远望如金色，光彩夺目。

相隔几百年，石鼓书院又多次重建重修，八景不同也是必然的。然而，在我看来，一座书院景色的变迁，存在与消失，与物质无关，与人的灵魂相关。物质是有寿命的，而灵魂可以永生。石鼓书院上千年的历史中，有多少不朽的灵魂布满在这座小小的庭院之中。读者们，当你们静坐于此，看着摇动的树影、飞扬的尘土、此起彼伏的鸟鸣时，大概会不禁联想到，这些不朽的灵魂要出游了吧。

光绪《国朝石鼓志·卷之一》还记载了一位女诗人江青枫的《罗江氏半岚新定八景》，真是巾帼不让须眉，觉得古人所言石鼓八景与自己心意不合，就从女性角度创作新石鼓八景：东岩晓日、塔影凌空、开轩待月、长桥烟雨、湘帆夕照、古壁留题、渔歌唱晚、仙洞寻幽。

据说江青枫原为湖北汉阳人，自幼擅长诗文，初嫁一个富家子，因丈夫好赌而家道败落，流落到了衡阳。她在衡阳又嫁了一个罗姓人家，在桑园街开了一家米店，这里离石鼓书院近，闲暇时她常来游览，故改有八景诗。

江青枫在序中曰：

石鼓为衡郡名胜之最，考亭（朱熹）题曰"一郡佳处"，不虚也，好事者品为八景。

选取其中有特色的三首共赏。

塔影凌空

悬崖塔影势玲珑，
万顷洪流砥柱中。
会看凌云题雁字，
一枝文笔插天空。

长桥烟雨

轻烟漠漠雨潇潇，
一幅江城淡墨描。
得过升仙从此去，

塔影凌空，石鼓书院与来雁塔　胡喜强／摄

且容骑马坐题桥。

古壁留题

绝壁空青乳窦流，
攀崖独自费冥搜。
苔深印去高人迹，
刺史犹余姓字留。

"塔影凌空"指石鼓山北面三汲矶上的来雁塔，"长桥烟雨"是指石鼓山西面的青草桥，"古壁留题"则是指石鼓书院周边的摩崖石刻。江氏把石鼓书院附近的著名古建筑来雁塔、青草桥与石鼓江山景色融为一体，并在石鼓八景中首次提到唐宋以来的摩崖石刻，不能不说是独具慧眼。但我好奇的是，她的石鼓八景中并未有书院的琅琅读书声，是没有听见，还是另有隐情？大概是因当时书院只招男生而不招女生，女性进入怕也是不被许可，江氏引以为憾而有意不提之吧。为此，同为女性的我也深表遗憾。

如此美景，实为石鼓书院学子之幸。

说不尽的石鼓，道不完的书院

第四篇
石鼓山水诗中的自然超脱精神

石鼓书院山崖上现存的三处唐代摩崖石刻　彭琬淇／摄

石鼓山现今留存的最珍贵文物当属石鼓山体西侧的露天摩崖石刻，即镌刻在山岩上的文字，其中最珍贵的是唐代衡州刺史宇文炫所题"西溪"二字，楷中带隶，规整端正，笔力遒劲，乃初唐书风。"西溪"即石鼓山西边的蒸水。

当年，与其相对的还有宇文炫所题"东岩"二字，位于石鼓山东侧山岩上，遗憾的是东岩石刻因长年风雨剥蚀基本上无存。

清乾隆《清泉县志·碑刻》中记载：

东岩二字，在石鼓山东岩上；西溪二字，在西溪石壁，字大径八寸，与"东岩"字皆贞观中刺史宇文炫书。今"岩"字无存。

明朝嘉靖《衡州府志·名宦》曰：

宇文炫，唐太宗时为衡州太守。贞观中，时和岁丰，民安物阜，于石鼓山东崖西溪有题。

因有"东岩""西溪"题字，后世文人争相效仿，唱和者众，由此石鼓山开始成为"可喜可愕可栖可游"的"一郡佳处"。

宇文炫题字"东岩""西溪"是哪一年呢？如是贞观年间，则为627—649年。不过，这与韩愈在《合江亭》中的记载不同。805年秋，获赦的韩愈路经衡阳，登上石鼓山，心情大好，写下千古绝唱《合江亭》。其中有云：

> 惟昔经营初，邦君实王佐……老郎来何暮，高唱文乃和。

这里的"邦君""王佐"说的是"故相齐映"。787 年，齐映贬为衡州刺史，在衡阳五年，建合江亭，将石鼓山辟为眺览胜地。而诗中的"老郎"则是宇文炫。史料记载宇文炫于 801 年任衡州刺史，"东岩""西溪"应该就是此时所题，时间与韩愈诗中所言相合。1200 多年来，"西溪"二字在石鼓山上的崖壁上经历风吹日晒，战火洗礼，依然清晰可见，不能不说是个奇迹。

南宋诗人范成大在其《游石鼓山日记》中写道：

> （石鼓书院）西廊外石蹬缘山，谓之西溪，有'洼尊'及唐李吉甫、齐映题刻。

也就是说，不仅有宇文炫的题字，也有李吉甫与齐映的题刻。而齐映的题刻应早于宇文炫的题刻，也就是齐映建合江亭之际，大约于787—791年。李吉甫在758年和814年两度为相，他曾任郴州刺史，赴任与离任时路过衡阳，时间为801年和803年，与宇文炫题字时间相近。唐代的贬官制度给衡阳送来了一批当时一流的文化名士，乃石鼓山之幸也。

清乾隆《清泉县志》记载，1088 年摩崖石刻中有"既饮，与宾客下合江亭，观韩伯留题。"古人尊称韩愈为"韩伯"，也就是说韩愈在石鼓山上也是留有题壁。

据专家考证，载入方志、史料的唐代石鼓山摩崖石刻有 10 处，至今保存完好有 3 处，即"西溪""大和九年"和"朱陵后洞"。"大和九年"就在"西溪"右侧石壁上，刻于 835 年，其时为唐大和九年。原是一段文字，由于时代久远，风雨侵蚀，很多字迹剥落，只有"琴客""大和九年""十日同游"还能清晰可见。"朱陵后洞"则位于朱陵洞左侧崖壁下，楷书，笔法稳健，字迹清晰。

我国现存唐代摩崖石刻中属文人名士题刻的仅 20 处，石鼓山上的唐代摩崖石刻列其一，弥足珍贵，1963 年被列为湖南省级保护文物，2011 年石鼓山摩崖石刻包括石鼓书院在内被列为省级文物保护单位。

除唐代所存石刻外，还有宋、元、清各代遗留下的摩崖石刻，现存30余处，未见有明代年款的题刻，有可能是毁于自然风雨或是日寇的炮火。现存题刻大多集中在石鼓山西面约40米长的山岩上，其书体包括隶、楷、行、草诸体，内容丰富，涉及历史、政治、文化、宗教及历史人物。除题景感怀外，一些记事也涉及石鼓书院，成为探究和考证石鼓书院乃至地方历史文化十分难得的珍贵文物。

石鼓山三面环水，山体为黄褐色砂岩，石质粗粝，常年经江风雨雪侵蚀，极易风化，山上的摩崖石刻剥蚀及山体岩石崩塌情况比较严重，遗留下来的石刻弥足珍贵。

南宋文人曾丰在游览石鼓书院时诗曰：

> 眼底西溪少，碑间北客多。
> 雪霜风日剥，岁月姓名讹。
> 后有诗堪勒，傍无石可磨。
> 可磨悬绝处，留勒中兴歌。

清朝江昱诗云：

水落蒸湘似带环，崩崖金薤出潺湲。
姓名纵寓高深际，位置宁容清浊间。
翰墨南轩依素侣，风云后洞拥仙班。
邦君题字飘零久，安得蛟龙与送还。

慕名前来石鼓山鉴赏的文人们，无不对年代久远、残缺不全、字迹斑驳难辨的摩崖石刻深表惋惜。千百年留下的石鼓摩

石鼓书院中的禹碑亭，亭内禹王碑上篆刻着形似蝌蚪的古文，据说碑文记述和歌颂了大禹治水的丰功伟绩　胡喜强／摄

崖石刻，留下了岁月的沧桑，也见证了石鼓山的兴盛衰败，成为千年书院不可或缺的文化遗迹和景观。

文化物质在生长的过程中，含有与人类共通的生命信息，谁也不能怀疑它的韧性、它的强健、它的灵魂能将人的精神引渡到一个无限开阔的世界，能给人装上风雨不摧、宇盖苍穹、特立独行的肝胆。文化的傲骨是由文化物质与人共同培植的，个体生命所拥有的文化机遇，以及文化物质所拥有的生命机遇就是碰撞的机遇。来观赏摩崖石刻的人与摩崖石刻之间，大多有一份超越物质的情感，不因时间而变色，愿能朝夕相对、终生厮守。

除了露天的摩崖石刻，石鼓书院的历代碑刻也很多，或题诗咏词，或记事训示，碑刻林立，数不胜数。多少碑刻，历经时代变迁，屡废屡兴。有据可查的最早碑刻为南宋张栻撰书刊立的《武侯祠记》碑和张栻书写的韩愈《合江亭》诗碑。当然，最有名气的还是朱熹的《石鼓书院记》碑，也是屡废屡立。2006年重修石鼓书院后，广场上刻立有"翻不动的"朱熹《石鼓书院记》石碑大书。

石鼓书院除有历代大量石碑，还建有碑亭、碑廊。1581年督学管大勋在石鼓书院里刊立禹碑，并建亭保护，称为禹碑亭。所谓禹碑，相传是大禹治水时，梦中得到仙人指点，在衡山岣嵝峰凿石取了金简玉书，得到治理洪水的天法。大禹治水成功后，又将金简玉书藏回原处，并用巨石盖住洞口，同时将治水之事刻于石碑之上，所以，"禹碑"也称"岣嵝碑"或是"大禹功德碑"。碑文如蝌蚪，无人能识，也称"蝌蚪文"。

清代顺治康熙年间曾任耒阳知县的连登科曾作诗：

禹 碑

[清] 连登科

凤迹龙章注日台，几经风雨蚀莓苔。

玄圭自锡山川后，丹简曾于岳渎开。

蝌蚪尚摹苍翠字，虹霓仍护碧云胎。

隐然自有神灵在，不信昆明化劫灰。

石鼓书院的禹碑曾多次修葺，2006 年重修石鼓书院时也重建了禹碑亭，立于石鼓山前新建石拱桥的中部，楹联为：

蝌蚪成点画；

天地衍大文。

有关禹碑的记载最早见于汉代赵晔的《吴越春秋》、晋代

“蹈和”碑，清代李拔题　佳佳／摄

葛洪的《抱朴子》、罗含的《湘中记》以及唐代韩愈的《岣嵝山》等文献中，但无人看到原碑。现在流行的禹碑为1533年长沙太守潘镒寻得，剔土拓传，其真伪是至今都无法弄清的问题。从现在出土的甲骨文和金文相比较而言，禹碑的文字结构工整与文字演进程序不相符合，且刊碑勒石是到秦朝才盛行，很可能是后人根据《吴越春秋》等的记载传说假托而成。但即便如此，禹碑亦自有它独立存在的价值和意义。

2006年石鼓书院重修时，在旧址上挖到一块"蹈和"碑，为清朝李拔所题。光绪《国朝石鼓志》曰：

> 李拔，号莪峰，乾隆中任衡州知府，爱石鼓山水之胜，加意培补。又于讲堂后辟留待轩。又摹刻禹碑立于嘉会堂。朱子手书"敬以直内""义以方外"二碑，旧在府学，拔亦移于石鼓。又刻"博文约礼""敏事慎言"碑列于讲堂外。又摩崖书"介崖"二字于朱陵洞之侧。又书"孔颜乐处"于仰高楼侧。郡人呼为李石匠，诸所篡泐，不可殚述。

1768年，李拔重修石鼓书院，撰书诗碑立于大观楼前。

重修石鼓书院记（节选）

[清] 李拔

天生石鼓道脉长，虞帝南巡衡之阳。

蝌蚪神禹焕文章，卧龙拥节莅蒸湘。

昌黎接武唾琳琅，崛起濂溪群儒倡。

德星并聚来朱张，敬业同心会讲堂。

阐明道义晰毫芒，手书示教俾胥匡。

格言正论何炜煌，华士词人走且僵。

宫墙外望势踉跄，勖尔诸生毋怠荒。

诚明并进即周行，诞登彼岸共徜徉。

有关石鼓书院的诗歌说不完道不尽，书院的盛衰就是儒家的盛衰。漫漫历史中，众多的儒家歌唱者为其而歌唱，这一定有难以企及的壮美与崇高，每一个白天黑夜，都是不朽的，就如代代相传的人文精神。

石鼓书院历史上也曾有过众多的楹联，在本书前面章节中已有多处叙述，这些楹联大多源自儒家经典，包含着儒家的宗旨理念和教育方法，具有厚重的文化底蕴和艺术感染力，是书院发挥其潜移默化的教育功能的重要方式。如今，这些具有较高艺术和历史价值的楹联、匾额，成为研究石鼓文化以及地方文化的珍贵资料。

2006 年重修后的石鼓书院大门上的楹联为：

修名千佛上；

至味五经中。

此联曾悬挂于石鼓书院二门上，原为隶书，《中国佛教史迹》认为此联拓自《泰山佛说金刚经》的摩崖石刻。重修后由书法家文怀沙先生撰书，悬于书院山门前。上联"修名千佛上"，寄语学子们要扬名于天下，登科名榜中。宋范成大诗云："当年千佛名经里，又见西游第二人。"下联则告诫学子们人间最美好的滋味全在五经中，需要勤奋学习。步入书院仰望此联，不由为之心动神驰。

说不尽的石鼓，道不完的书院。石鼓书院历经千年不衰，在中国书院史、教育史、文化史上都享有崇高的地位。千年书院，漫漫征程，当我们踏着弦歌诗词，追溯石鼓书院精神底色时，其"开创、求新"以及内含的民族精神和自然超脱精神，就是湖湘文化中的敢为天下先、经世致用、大气霸蛮、以天下为己任的担当精神，也是影响中国上千年历史命运的文化精神。

回望千年，那些人，那些事，那些传之后来的文明先锋、文化精髓、精神底色，灿若繁星，显耀成千年文脉经世致用的人文胜景，见证着文化传承、人才培养、思想研究的成功，始终以与时俱进的发展动态，产生着文化自信的文明魅力。

千年文脉绵延，缕缕书香不断。如今游历石鼓书院，漫步石鼓胜境，其给予我们现代人的文化自信之高度、深度、长度、宽度、厚度、鲜活度、饱满度，也是不言而喻，无可替代，震撼心灵。其依然彰显着传统文化的自信和自豪，依然是我们饮水思源的精神家园。

主要参考资料

[明]李安仁、王大韶 [清]李扬华撰、邓洪波、刘文莉辑校：《石鼓书院志》，岳麓书社，2009 年版。

《船山全书》，岳麓书社，1992 年版。

王立新：《船山大传》，岳麓书社，2019 年版。

《全唐诗》，中华书局，2008 年版。

邓洪波：《中国书院史》，武汉大学出版社，2012 年版。

戴述秋：《石鼓书院诗词选》，湖南地图出版社，2007 年版。

戴述秋：《石鼓书院石刻诗词楹联集萃》，天津古籍出版社，2022 年版。

郭建衡、郭幸君：《石鼓书院》，湖南人民出版社，2017 年版。

邓洪波、兰军：《中华文化元素书院》，长春出版社，2016 年版。

《湖南历代人名辞典》，湖南出版社，1993 年版。

江堤、彭爱学：《岳麓书院》，湖南文艺出版社，1995 年版。

江堤：《山间庭院》，湖南大学出版社，2003 年版。

江堤：《诗说岳麓书院》，湖南大学出版社，2002 年版。

樊克政：《书院史话》，社会科学文献出版社，2012 年版。

龚鹏程：《书院何为》，山东画报出版社，2016 年版。

章柳泉：《中国书院史话》，教育科学出版社，1981 年版。

柳肃、柳思勉:《礼乐相成:书院建筑述略》,海天出版社,2021年版。

曾欢欢:《价值追求:书院精神初探》,海天出版社,2021年版。

张正藩:《中国书院制度考略》,江苏教育出版社,1985年版。

蒋薛:《历代咏衡州诗词楹联选》,岳麓书社,1991年版。

邓洪波:《中国书院诗词》,湖南大学出版社,2002年版。

《中国文学家大辞典》,上海书店,1981年版。

钱基博、李肖聃:《近百年湖南学风·湘学略》,岳麓书社,1985年版。

钱基博:《现代中国文学史》,中国人民大学出版社,2004年版。

周柳燕:《王闿运的生平与文学创作》,湖南大学出版社,2010年版。

成晓军:《清官彭玉麟》,湘潭大学出版社,2018年版。

王闿运:《湘绮楼日记》,岳麓书社,1997年版。

杨度:《杨度日记》,新华出版社,2001年版。

杨云慧:《从保皇派到秘密党员——回忆我的父亲杨度》,上海文化出版社,1987年版。

齐白石:《齐白石自述:从穷孩子到艺术大师》,中国广播电视出版社,2009年版。

后记：缘结千年书院

除夕夜，独坐书房。面对书稿，总感有些不足和未能尽到心意之处颇多，挂一漏万，多有遗憾，但终是要交稿了。人生之有趣大概也在于此，完成好过完美。

回想起两年前衡阳市图书馆新馆开放时，我不仅作为唯一市民代表在开馆仪式上发言，同时也与千年石鼓书院结缘。为国家图书馆录制《风雅石鼓——诗说千年书院的精神底色》讲座视频；应邀于《衡阳日报》开设《风雅石鼓》专栏；《诗说石鼓书院的千年风雅底色》一文收录于2024年1月由国务院参事室、中央文史研究馆主办的《国是咨询》杂志《书院文化传承创新发展专刊》；现完成《风雅石鼓》书稿。

之所以选择以诗词作为切入口来讲述石鼓书院千年的历史和文化，是觉得走进一座古代书院比较好的方式是去亲近和理解它所留下的文学艺术遗产，而诗词毫无疑问是其精华。英国学者安诺德说："一个时代最完美确切的解释，须向其时之诗中求之，因为诗之为物，乃人之心力的精华所构成也。"由此使我相信，石鼓诗词里藏着石鼓书院的历史和精神。透过这些诗词，我们可以领会这座千年书院"石出蒸湘攻错玉；鼓响衡岳震南天"的豁达豪迈的气宇，欣赏它三江合流、回澜淳渊、奇崛耸拔的"一郡佳处"的景观，以及感悟它沉默、孤独、凋落、悲壮而又超凡卓绝的历史。从诗歌中去寻找和挖掘石鼓书院的精神，我想也是一种有意义的探索和尝试吧。

距离石鼓书院不远的湘江之畔是我的出生地，我生于斯，长于斯，工作于斯，年年看着湘江北去。有诗云"逐客浮湘去"，读之，感到生命受到时间的威胁和震慑，深奥苍郁凌越于想象之上。人生海海，光阴似箭。每一个曾出入石鼓书院的人，曾在湘江边行走的人，过去的人，现在的人，未来的人，都将被其放逐，都会在时光和岁月里融入湘江，随波而去。如张若虚的《春江花月夜》："人生代代无穷已，江月年年只相似。不知江月待何人，但见长江送流水。"只有那些附着在文学遗产上的不朽灵魂才是例外，诗歌使其永生。

　　石鼓书院是伴着奔腾的蒸湘二水的涛声一路走过来的，它的欢乐与哀伤、完美与残缺都是其文化历史的一部分，在长达千年的时光岁月里，它超凡的风骨是由无数不朽的文化人的人格链接而成的。因为有了这些不朽的灵魂，于是这座小小的庭院有了梦想，有了憧憬，有了精神，在感动我们的时候，也将感动历史，感动未来。愿所有走近石鼓书院的人，停下脚步，静心聆听这千年来的书声和涛声，愿你们心中充满光明、充满智慧，生活多一点梦想、多一点温馨。

　　每当我走进石鼓书院时，常会想到做了一辈子老师的母亲。母亲曾在岣嵝峰的大山里教过两年小学，幼小的我随着母亲住在学校里。每日清晨，我在读书声中被唤醒；每日下午，看着小朋友们放学回家，心里生出些许落寞。落日渐渐在远远的天际中投向群山的怀抱，夕阳的霞光笼罩的翠色慢慢模糊，黛青色的山峦在天际间只剩下起伏的轮廓，群山沉沉入睡，一切陷于宁静，小小的学堂里只留下小小的我和母亲。当年小小的学堂，犹如千百年来，散落在湖湘大地上千万所小小的书院，教育了大山里的孩子们，也培养了我一生坚忍的性格和爱好读书的习惯。一生风雨无数，好在有书相伴。

　　一日傍晚，我走近石鼓书院，残阳照着的石鼓山正燃烧

石鼓书院夜景图　彭斌／摄

着，犹如曾在大山里的小小学堂时无数次见到的一样。同样的夕阳西下，残霞似血。我突然诧异，看清了它的秋色，嗅出了它的味道，感受到千山万水之处的诱惑，以及一代又一代在寒流中的庭院里读书人的精神企求。弄清了什么是刹那，什么是永恒，什么是兴废，什么是人性，什么是贤德，什么是学问。明白了面对红尘我该是趴着还是站着，哭着还是笑着还是唱着，这都拜诗歌所赐。诗歌让真理向生命靠近，让灵魂不朽。

致敬我的母亲，感恩母亲用生命托起我的讲台以及赋予我坚持不懈走下去的勇气。

感谢我亲爱的家人和朋友们一直以来的陪伴、鼓励和支持，对你们深深的爱意融入我的每一个字里行间，无以表达其二。

感谢衡阳市各级政府和相关单位以及各位领导对本书的关心支持，同时感谢各位老师对本书的不吝厚爱。

亲爱的读者，当你打开这本书时，哪怕我的分享使你有万一的触动或共鸣，那都是我万分的荣幸。期待你我能借助诗歌的神力，在想象中与这些超拔卓绝的古人相遇，并肩向唐宋元明清飞去，分享其在每个朝代的黑夜和黎明。

刘涛

2024年2月1日

刘洁

文化学者／专栏作家

衡阳市水利局高级工程师

衡阳市政协特聘文史专家

曾担任南华大学博士研究生、硕士研究生、本科生日语老师。长期致力于中国传统文化的研究和传播，有关书院研究论文收录《国是咨询》。曾担任《石鼓书院大讲坛》《雁城市民讲堂》《南风讲坛》《湖湘讲堂》《湘图讲坛》《有为讲坛》《橘洲讲坛》《天门讲坛》等多家国内讲坛及多家高校国学讲座的主讲嘉宾。曾应邀到赫尔辛基大学、阿尔朵大学讲学。

图书在版编目（CIP）数据

风雅石鼓 / 刘洁著. -- 长沙：湖南地图出版社，
2024. 7. -- ISBN 978-7-5530-1570-5

Ⅰ．K928.964

中国国家版本馆CIP数据核字第2024MM7549号

风 雅 石 鼓

FENGYA SHIGU

著　　者：刘　洁

责任编辑：银　波　刘海英

封面题字：泓　致

装帧设计：董佳佳

出版发行：湖南地图出版社

地　　址：长沙市天心区芙蓉南路四段 158 号

邮　　编：410118

印　　刷：雅昌文化（集团）有限公司

开　　本：965mm×635mm 1/16

印　　张：13.75

字　　数：170 千字

版　　次：2024 年 7 月第 1 版

印　　次：2024 年 7 月第 1 次印刷

书　　号：ISBN 978-7-5530-1570-5

定　　价：68.00 元